Das einzigartige
AEROLETIC *BambusPowerTraining*
– Booklet 1 –

Impressum

Bibliografische Information der Deutschen Nationalbibliothek

Die Deutsche Nationalbibliothek verzeichnet diese Publikation in der Deutschen Nationalbibliografie; detaillierte bibliografische Daten sind im Internet über http://dnb.dnb.de abrufbar.

ISBN Spiralbindung: 978-3-96609-000-1
ISBN ebook: 978-3-96609-001-8
ISBN Amazon Kindle Direct Publishing: 978-3-96609-004-9

© 2019 by **AEROLETIC** Akademie Kai Amberg / Uwe Hiltmann

Produkt-Idee, Texte und Übungen: Kai Amberg
Lektorat und Korrektorat: Uwe Hiltmann, Cardiff (UK)
Fotos: Uwe Hiltmann, Cardiff (UK) (http://www.hiltmann.net), S. 3, 13: Andrea Schombara, Mainz
   (https://andreaschombara.de/)
Satz und Layout: Uwe Hiltmann, Cardiff (UK) (http://www.hiltmann.net)

AEROLETIC Media
Ein Imprint der **AEROLETIC** Akademie Kai Amberg, 61462 Königstein im Taunus, www.aeroletic.de

Printed in Germany

Das einzigartige
AEROLETIC *BambusPowerTraining*
– Booklet 1 –

Freies, modernes Partner-Krafttraining
für den gesamten Körper

Danksagung

Die Entstehung eines Buches kann niemals das Werk eines einzelnen Menschen sein. Jeder einzelne von uns wird durch seine Biografie geprägt, von Menschen, mit denen wir uns umgeben, Dingen, die wir lernen und tun ... im allgemeinen: Erfahrungen ... Leben halt :-)

Kai

Ich möchte meinen Eltern danken, die ich über alles liebe, die ihr ganzes Leben lang alles für mich getan haben, ohne die ich nicht auf dieser Welt wäre. Meiner lieben Oma Leni Reiche, die meine Kindheit geprägt hat und die mich zum wahren Glauben an Gott gebracht hat. Ich möchte Gott danken für meinen Sohn Ben Luka und dass ich mit ihm so eine liebevolle Beziehung habe. Ben ist mein größter Schatz! Meinen Freunden, die mich auf meinem Weg begleitet haben und noch immer begleiten. Hier möchte ich vor allen Dingen, stellvertretend für viele andere, meinem allerbesten Freund und Seelenbruder Martin Kramer danken, der mit mir durch dick und dünn ging und geht. Bei meiner Freundin Katja Ansmann möchte ich mich für ihre wunderbare Liebe bedanken, für ihre Loyalität und so großes Herz. Und dann möchte ich mich ganz besonders bei Katja und Uwe Hiltmann bedanken, dafür, dass sie zum Team gestoßen sind und mich unterstützen sowie für ihre schier unglaubliche Arbeitsleistung und ihre Begeisterung, mit der sie an unsere gemeinsame Arbeit für das System **AEROLETIC** gehen. Ihr seid ein wichtiger Teil der Vision von **AEROLETIC** und helft dabei, dieses System den Menschen nahe zu bringen. Vielen, vielen Dank, Uwe und Katja!

Ich möchte meinen vielen Seminarteilnehmern und Schülern aus den vergangenen 20 Jahren danken, die mir durch ihr Feedback immer wieder zeigen, wo ich mich noch verbessern darf. Nichts ist für einen Lehrer schöner, als am Ende eines Seminartages in wache Augen zu blicken, denen man ansieht, dass sie verstanden haben, um was es hier geht und dass ein gesunder und wacher Geist NUR in einem gesunden Körper zuhause sein kann.

Darüber hinaus hatte ich das Privileg von vielen Meistern in diversen Kampfkünsten und Heiltechniken unterrichtet zu werden. Auch hier möchte ich stellvertretend für viele andere meinen ehemaligen Lehrer und Sifu im WingTsun Roland Liebscher-Bracht nennen, der mich dann auch später als seinen Meisterschüler in dem von ihm entwickelten Bewegungssystem WingTsun ChiKung annahm. Mit ihm zusammen entwickelte ich dann dieses System als „LNB Motion" in meiner Funktion als Cheftrainer D-A-CH weiter. Dieses bildete dann die Grundlage für das von mir später weiter entwickelte „Theranetic Yoga" und als Krönung des Ganzen schlussendlich „**AEROLETIC GeoYoga**" in seiner jetzigen Form.

Und der wichtigste Einfluss soll den Abschluss meines Dankes bilden: von ganzem Herzen und in tiefer Demut und Dankbarkeit bete ich zu Gott, meinem Schöpfer, auf dass viele Menschen von diesen Übungen profitieren können und ich noch viele, viele Jahre dies unterrichten und an die Menschheit weiter geben darf.

Uwe

Mein Dank geht an meine Familie, zum einen die Familie, aus der ich stamme und durch die ich vieles lernen durfte, was ich heute noch in meinem Herzen trage. Zum anderen an meine jetzige Familie, meine liebe Frau Katja und die Mädels Lea und Maja: mein lieber Schatz, du zeigst mir jeden Tag aufs Neue, warum ich der bin, der ich sein möchte :-) Ich danke dir für dein Vertrauen in mich und ich freue mich darauf, weiter mit dir zu lernen.

Auch ich habe in meinem Leben viele Lehrer treffen dürfen, die mich Dinge gelehrt haben, von denen ich heute immer und immer wieder profitiere. Auf der körperlichen Ebene danke ich Kai dafür, dass er es sich zur Aufgabe gemacht hat, mit seinem System **AEROLETIC** die Menschen wieder zu ihrem Ursprung zurück zu führen: der gesunden Bewegung, die in der Lage ist, den Körper gesunden zu lassen und langfristig gesund zu erhalten.

Und als stärksten geistigen Einfluss möchte ich zwei Menschen heraus greifen: zum einen Beate Bock, die mich als Coach immer wieder liebevoll heraus gefordert hat, mich zu dem zu entwickeln, der ich heute bin und jedes Mal neue Begrenzungen zu entdecken und zu überwinden. Und zum anderen danke ich Dr. Joe Dispenza, dessen Sicht der Welt und des menschlichen Bewusstseins in mir ein Potential geweckt und ein Feuer entfacht hat, welches ich nun in anderen Menschen erwecken und entfachen möchte. Danke.

Schlussendlich danke auch ich meinem Schöpfer, dieser Urkraft, die in jedem von uns steckt und nur darauf wartet, erweckt zu werden, damit wir unseren rechtmäßigen Platz an Seiner Seite einnehmen, um die Welt zu einem Ort zu machen, in dem wir gerne leben möchten. Ich danke dafür, dass mir diese Kraft in Körper und Geist immer mehr bewusst wird.

Inhaltsverzeichnis

Vita Kai Amberg

Ausbildungen und Spezialisierungen

- Jahrgang 1969
- Vollkaufmann
- Ausbildung in der Brasilianischen Kampfkunst Capoeira Abada, der Kampkunst Wing Tsun bis Lehrergrad (1.Dan), der Bewegungskunst ChiKung mit Abschluss Master-Level (Meisterschüler von Roland Liebscher-Bracht)
- 2008 - 2013 Nationaltrainer (DE-CH-AT), Hauptdozent und Qualitäts-Sicherungs-Prüfer der Bewegungslehre LNB Motion in den Ausbildungsstufen C-, B- und A-Trainer
- Mitentwickler der Schmerztherapie/Bewegungslehre nach Liebscher & Bracht
- Ausbildung in der Gesundheitstherapie nach Liebscher & Bracht
- 40 Jahre Ausbildung in verschiedensten Kampfkünsten, Bewegungssystemen, Kraft- und Ausdauersportarten (Marathon, CrossFitness, Hindernisläufe usw.)
- Trainer für Calisthenics und Parcour
- Ausbildung Myofascial Taping nach Markus Erhard
- Ausbildung zum Gewaltpräventionstrainer, Wing Tsun Kindertrainer, Fitnesstrainer
- Personaltrainer mit Spezialisierung auf gelenkgeometrische/biomechanische Bewegungsformen/-abläufe, Mehrstufen-Dehnungen/Flexibilisierungen, Kraft- und Ausdauer-Sport
- Präventionstrainer für Mitarbeiter im Unternehmen
- Gründer der Bewegungsakademie Bad Homburg
- Heilpraktiker i. A.
- Mitentwickler der manuellen Schmerztherapie nach THERANETIC
- Entwickler und Hauptdozent von **AEROLETIC** GeoYoga, Dynamics, BodenYoga100, PowerBambus, PainReleaser, HeilÜbungen (OneFlex/TwoFlex) und lipoletic

Vorwort

Was ist besser, Ausdauer- oder Krafttraining?

Der Weg zur Strandfigur ist lang und schwierig. Und womit geht´s schneller: mit Kraft- oder Ausdauertraining? Was man sich über Jahre angefuttert hat, verschwindet nicht einfach über Nacht. Aber der Weg ist zu schaffen. Die Frage ist nur, welche Methode ist effektiver?

Bewegung, Ernährung und Disziplin sind die wichtigsten Faktoren beim Abnehmen, das ist sicherlich kein Geheimnis. Schwieriger wird es, wenn man über die richtige Ernährungsform diskutiert. Low-Carb, Low-Fat oder Trennkost, die meisten Diäten führen kurzfristig zu einem sichtbaren Ergebnis. Letztlich ist Abnehmen aber eine Frage der Energiebilanz. Ob ich nun weniger esse oder mehr Energie verbrauche, wenn die Energiebilanz negativ ist, nehme ich zunächst einmal ab.

Abnehmen in der Fettverbrennungszone oder besser mit Intervalltraining?

Auch bei der richtigen Sportart zum Abnehmen, gehen die Meinungen auseinander. Grundsätzlich zählt natürlich jeder Schritt. Aber die Frage ist ja nicht, ob Bewegung hilft, sondern welche Bewegung effektiver ist. Vor allem, wenn man nur wenig Zeit hat, um sich fit zu machen.

Extensives Ausdauertraining ist am Besten zum Abnehmen, heißt es seit Jahren in diversen Fitnesszeitschriften. Beispielsweise langes Laufen in der Fettverbrennungszone. Das funktioniert auch, wenn man viel Zeit hat. Aber es ist nicht die effektivste Strategie zum Abnehmen. Denn bei niedrigen Intensitäten verbrennt der Körper zwar relativ gesehen mehr Fett, aber unterm Strich ist der Gesamtkalorienverbrauch niedriger als bei hoher Belastung. Das gilt auch für die verbrannten Kalorien aus Körperfett.

Muskelmasse steigert den Grundumsatz

Dabei werden aber zwei viel entscheidendere Sachen außer Acht gelassen: der Nachbrenneffekt und der Grundumsatz werden durch moderates Ausdauertraining nur bedingt verbessert. Nach einem Lauf in der Fettverbrennungszone kann man bis zu 2 Stunden eine gesteigerte Stoffwechselrate nachweisen. Nach hartem Krafttraining oder Intervalltraining hält der Nachbrenneffekt aber bis zu 24 Stunden oder länger. Die so verbrannten Kalorien werden in einem direkten Vergleich zwischen Ausdauertraining und Krafttraining häufig nicht berücksichtigt.

Außerdem führt ein moderates Ausdauertraining kaum zu einer Zunahme der Muskelmasse, da die so erzielten Reize nicht für einen Muskelaufbau ausreichen. Krafttraining dagegen setzt in der Regel wesentlich höhere Reize, wodurch nicht nur die vorhandene Muskelmasse erhalten bleibt, sondern auch neues Muskelgewebe ausgebildet wird. Pro Kilogramm zusätzlicher Muskulatur steigt der tägliche Grundumsatz um 100 Kilokalorien (kcal).

Mit Krafttraining zur Strandfigur

Als Vergleich: ein 75kg schwerer Mann verbrennt bei einem 30-minütigen Lauf mit zirka 10 km/h etwa 300 Kilokalorien. Und ja, das ist nur ein Schätzwert, bei dem keine individuellen Faktoren berücksichtigt wurden. Baut dieser Mann 3kg Muskulatur auf, verbrennt er jeden Tag 300 kcal, auch wenn er sich nicht bewegt. Die Kalorien, die während des Krafttrainings verbraucht wurden, sind dabei noch nicht berücksichtigt, ebenso die zusätzlichen Kalorien durch den längeren Nachbrenneffekt.

Krafttraining ist effizienter

Bereits in den 80er Jahren haben übrigens einige Studien belegt, dass Krafttraining auf den Zeitaufwand bezogen, die effektivere Methode zum Abspecken ist als Ausdauertraining. Mit dem richtigen Trainingsplan reichen 3 Trainingseinheiten á 45 Minuten pro Woche aus. Und mit etwas Geduld klappt es dann auch mit der Strandfigur.

Jörg Birkel

Diplom-Sportwissenschaftler, Sport- und Fitnessexperte Jörg Birkel produziert als Sportjournalist und Texter multimediale Sport-, Gesundheits- und Wellness-Inhalte. Von 2003 bis 2009 war er als Dozent am Institut für Sportpublizistik der Deutschen Sporthochschule in Köln tätig.
www.die-sportjournalisten.de

Die AEROLETIC Bausteine

In diesem Buch werden zu jeder Muskelgruppe verschiedene Übungen in unterschiedlichen Stellungen/Winkeln angeboten. Die Gründe sind einerseits, dass z. B. durch Einseitigkeiten und Nicht-Bewegung im Alltag, von vielen Menschen nicht mehr jede Stellung der einzelnen Übungen ohne Einschränkungen oder Schmerzen eingenommen werden kann. Andererseits sorgen die verschiedenen Übungen (zur scheinbar selben Muskulatur) mit ihren unterschiedlichen Stellungen im Raum dafür, dass die Gelenke, Muskeln, Sehnen, Faszien, Gefäße, Nerven usw. ständig in anderen Längenzuständen und Winkeln zueinander stehen. Dies bewirkt eine Vielseitigkeit der Beanspruchung ALLER Gewebearten.

Werden immer wieder nur dieselben Übungen für eine bestimmte Muskulatur trainiert, z. B. durch Training an Maschinen, bekommt der Körper nach einiger Zeit keine neuen Reize mehr gesetzt. Dies bedeutet kein Weiterkommen im Training und führt vor allem neben dem Alltag zu neuen Einseitigkeiten der Bewegungen. Dies wirkt sich wiederum negativ auf die Gesamtmotorik, Beweglichkeit und Gesundheit des Körpers aus.

⚠️ Krafttraining führt OHNE regelmäßige gezielte Flexibilisierungen (Dehnungen), wie z.B. **GeoYoga**, **BodenYoga100**, **OneFlex** oder **TwoFlex** (6-Schritte-Flexibilisierungen), noch zusätzlich zum Bewegungsmangel im Alltag zu Verkürzungen der Muskulatur/Gewebe. Das soll auf keinen Fall bedeuten, dass Krafttraining schlecht sei, sondern nur, dass es ausgleichende Bewegung erfordert!!!

In einem ganzheitlichen Training gilt es immer wieder, die fünf motorischen Grundeigenschaften des menschlichen Bewegungssystems zu trainieren:
- **Kraft**
- **Ausdauer**
- **Schnelligkeit**
- **Beweglichkeit**
- **Koordination**

Denn diese fünf sind der Schlüssel zu langfristigem Wohlbefinden und Gesundheit.

Die Eigenschaften, die aktiv in den verschiedenen **AEROLETIC** Bausteinen trainiert werden, haben immer auch passiv positive Auswirkungen auf die gerade NICHT aktiv (oder weniger aktiv) trainierten motorischen Eigenschaften. Der gesamte Körper des Menschen, mit all seinen Muskeln, Sehnen, Knochen, Faszien, Geweben, Organen, Drüsen usw., funktioniert ähnlich wie die fünf motorischen Grundeigenschaften. Alles ist mit allem vernetzt und alles ist von allem abhängig. Wird eine der fünf Fähigkeiten vernachlässigt oder überhaupt nicht trainiert, hat dies negative Folgen auf die anderen vier Fähigkeiten.

Die **AEROLETIC** Akademie bietet für all diese Fähigkeiten einzigartige Programme/Bewegungssysteme an, die auf den neusten wissenschaftlichen und medizinischen Kenntnissen beruhen:

Das einzigartige Krafttrainig am AEROLETIC PowerBambus trainiert aktiv hauptsächlich Kraft und Kraftausdauer und in gewissem Maße Beweglichkeit und Koordination. Um die ganzheitliche Beweglichkeit/Winkelgrade, Schnelligkeit und Feinmotorik zu trainieren bzw. erhalten oder verbessern(!), bedarf es des zusätzlichen Trainings der anderen **AEROLETIC** Bausteine. Generell braucht es ein bisschen von allem, um die fünf motorischen Grundfähigkeiten gesund und aktiv zu erhalten.

AEROLETIC GeoYoga trainiert aktiv hauptsächlich Koordination, 3D-Orientierung im Raum d. h. Erkennung und Bewusstmachung von Winkeln, Kurven und Geraden, sowie Beweglichkeit, Kraft und Kraftausdauer, was dann auch passiv zu einer besseren, natürlichen Schnelligkeit führt. **GeoYoga** nennen wir auch die „3D-Vermessung des Körpers".

AEROLETIC Dynamik-Ketten trainieren hauptsächlich Kraftausdauer, Schnelligkeit und Koordination. Die bessere Beweglichkeit und Kraft zum Ausüben der Dynamik-Ketten werden eher von den anderen Bausteinen positiv unterstützt.

AEROLETIC BodenYoga100 trainiert aktiv in über 100 systematisierten Schritten Beweglichkeit und Koordination, was sich wiederum positiv auf die anderen drei Fähigkeiten Schnelligkeit, Kraft und Ausdauer auswirkt. Die überwiegend 2D-Positionen ermöglichen auch relativ unbeweglichen Menschen einen großflächigen Einstieg in die Gewebemobilisation. Dies ist eine Grundvoraussetzung, bevor die Strukturen überhaupt bereit sind für komplexere Übungen.

AEROLETIC OneFlex und TwoFlex Diese 6-Schritte-Flexibilisierungen trainieren sowohl einzeln (OneFlex) als auch mit einem Partner (TwoFlex) aktiv, passiv, isometrisch die Beweglichkeit und Koordination einzelner Gelenke, Muskeln/Muskelgruppen, Faszien usw. Sie helfen zum einen dabei, die individuelle maximale Beweglichkeit zu erzielen und zum anderen, Problem- und Schmerzzonen des Körpers handwerklich und damit ursächlich zu bearbeiten.

Alles in allem kann man daher sagen, dass zur Verbesserung der fünf motorischen Grundeigenschaften abwechselnd alle Bausteine erforderlich sind.

Muskulatur und ihre Arbeitsweise - 3 Kontraktionsformen

Durch unser Nerven- und Muskelsystem haben wir die Fähigkeit, im Alltag und Sport Kraft zu erzeugen. Man unterscheidet dabei drei verschiedene Formen von Kontraktion/Zusammenziehung eines Muskels:

1. Konzentrische Arbeit
Widerstände werden positiv-dynamisch überwunden. Ursprung und Ansatz eines Muskels kommen sich näher – die intramuskuläre Spannung wird verändert und der Muskel verkürzt sich.
　　Beispiel: Der gestreckte Unterarm beugt sich, der Armbeuger (Bizeps) arbeitet konzentrisch.

2. Exzentrische Arbeit
Widerständen wird nachgebend (negativ-dynamisch) entgegengewirkt. Ursprung und Ansatz eines Muskels entfernen sich voneinander - die intramuskuläre Spannung wird verändert und der Muskel verlängert sich.
　　Beispiel: Der gebeugte Unterarm streckt sich wieder, der Armbeuger (Bizeps) bremst durch nachgebende Kontraktion die Streckung des Unterarms ab.

⚠ Die meisten trainieren leider nur den konzentrischen Weg, was durch aufsummierte Restkontraktionen zu Muskelverkürzungen, erhöhtem Knorpelabrieb und eventuellen Schmerzen führen kann. Beispiel Bizeps-Training: Der Fokus wird oft nur auf den konzentrischen Weg gerichtet (Gewicht wird rangezogen) und der exzentrische wird

als Erholungszeit benutzt, d. h. der nachgebende Weg findet ohne große Muskelkontraktion statt (Gewicht wird „fallen gelassen").

Somit verbleiben die positiven Eigenschaften des exzentrisches Weges leider ungenutzt, die da wären:
1. Muskel und Gewebe werden besser auf ihrer natürlichen Länge gehalten,
2. Kraftsteigerung von bis zu 30% (!) gegenüber konzentrischem Training möglich,
3. Muskulatur wird durch Training in beide Wege ganzheitlicher ausgebildet!

3. Isometrische Arbeit
eine statisch-haltende Position wird eingenommen. Ursprung und Ansatz eines Muskel halten einen bestimmten Abstand zueinander, die intramuskuläre Spannung wird verändert, ohne das es zu einer Längenveränderung kommt.
Beispiel: Der Unterarm hält eine bestimmte Position zwischen Beugung und Streckung, ohne sich zu bewegen, bzw. höchstens minimal zu bewegen.

Im **AEROLETIC PowerBambus**-Partnerkrafttraining, trainieren wir sowohl konzentrisch (von der längsten Position eines Muskels in die kürzeste) als auch exzentrisch (von der kürzesten Position eines Muskels in die längste) – also den hebenden und senkenden Weg!

Der letzte Schritt einer Übung sollte immer der exzentrische sein, der kurz vor seiner maximalen Gelenkstreckung mit einer ca. fünfsekündigen statischen steigernden Anspannung in der konzentrischen Position endet. Dies soll das Gewebe flexibel, geschmeidig und auf Länge halten sowie vor Verletzungen schützen!

⚠ (Hinweis zur DVD-Version des Booklets) Auf der DVD wurde AUS ZEITGRÜNDEN auf die fünfsekündige isometrische Anspannung am Ende der Übungen verzichtet. Beim aktiven Training sollte sie jedoch unbedingt stattfinden!

Die angegebenen Wiederholungszahlen der Kräftigungen sind nur Empfehlungen für den Beginn und sollten des öfteren verändert werden, um den Körper mit neuen Reizen zu versorgen. Sonst stagnieren die Trainingserfolge irgendwann einmal.

Variationen des Krafttrainings

AN = Anleitender / **AEROLETIC** Trainer
TR = Trainierender / Trainee

Der AN muss ständig darauf achten, den PowerBambus exakt der Richtung/ Wegstrecke des TR anzupassen und dabei das ausgemachte Gewicht als Gegenzug beizubehalten. Generell sollten am Anfang einer Übung nicht zu viel Gewicht bzw. Gegenzug verwendet werden, da die Muskulatur, Gelenke, Gewebe etc. sich erst durch mehrere Wiederholungen im niedrigen Gewichtsbereich aufwärmen sollten. Auch darf der AN seine Kräfte nicht einfach plötzlich lösen. Er sollte im ständigen Kontakt mit dem TR stehen, diesen in Bezug auf die körperliche Ausrichtung beobachten, wenn nötig verbessern und auch die Winkel der Übung ständig überprüfen.

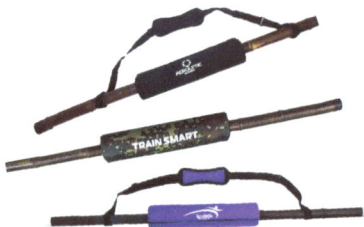

4 Trainingsthemen sind nachfolgend mit Empfehlungen für die Wiederholungszahlen aufgeführt:

1. Basis ist der sogenannte Aufwärm-/ Anpassungssatz mit 12 Wiederholungen und ganz leichtem Gewicht/ Wiederstand und ständigen Überprüfungen der Positionen/ Winkel durch AN und TR.
2. Der nächste Satz kann das Thema Kraftsteigerung beinhalten: In diesem Satz werden z. B. 12 Wiederholungen mit immer mehr Gewicht ausgeführt.
3. Im nächsten Satz könnte das Thema Maximalkraft heißen: In diesem Satz werden nur sehr wenige Wiederholungen (vier bis sechs) ausgeführt – diese aber mit dem individuellen Maximalgewicht. Achtung: niemals mit kalter Muskulatur!
4. Oder das Thema heißt Kraftausdauer: In solch einem Satz wird ein gleichbleibendes (ausgemachtes) Gewicht sehr oft wiederholt, zum Beispiel: 20 bis 30 mal.

Richtige Atmung beim AEROLETIC BambusPowerTraining
Es gibt Atemrhythmen, die fortgeschrittene Techniken darstellen und daher nur von gesunden, erfahrenen Kraftsportlern mit langjähriger Trainingserfahrung genutzt werden sollten.
Einsteiger verwenden daher besser die **klassische Atmung:**
Auf dem konzentrischen Weg bzw. Heben eines Gewichtes wird AUS- und auf dem exzentrischen Weg bzw. Senken EIN-geatmet.

Dadurch wird die Kontraktion der Atemmuskulatur sinnvoll mit der Kontraktion der beanspruchten Muskulatur koordiniert. Der Trainingseffekt erhöht sich und die Übungen werden erleichtert.
Beispiel: Bei einbeinigen Kniebeugen („Pistol Squats") sollte auf dem Weg nach oben ausgeatmet und nach unten eingeatmet werden.

Mit längerem Training und Erfahrung kommt die richtige Atmung von ganz allein. Unter Belastung nimmt die Atemfrequenz zu, da der Sauerstoffbedarf ansteigt.

⚠️ Unter Belastung nie die Luft anhalten! Dies kann sonst zu Gewebsverletzungen führen oder in seltenen Fällen können auch kleinere Gefäße platzen.

Atmung zur Entspannung
Tiefes Atmen kann für Entspannungphasen und vor dem Schlafengehen genutzt werden. Dazu die Atemzüge pro Minute stark reduzieren, dafür aber umso stärker ein und ausatmen. Dies hat eine sehr beruhigende Wirkung auf Körper und Geist.

Aufbau des Buches

Allgemein

Nach dem Inhaltsverzeichnis kommen allgemeine Trainingshinweise.

Die Kräftigungsübungen sind nach Körperregionen eingeteilt.

Jede Körperregion wird zuerst anatomisch und physiologisch aufgelistet. Dann sind die Kräftigungen nach Regionen eingeteilt und für jede Region bietet dieses Booklet mindestens eine Übung.

Beispiel Rückenmuskulatur

Verschiedene Muskeln des Rückens werden in die Kategorien Hals-/ Brust-/ und Lenden-Wirbelsäule eingeteilt. Eine zielgerichtete Beschreibung von Anatomie und Physiologie der einzelnen Muskeln steht jeweils oberhalb der Übungen für die einzelnen Regionen.

Alle Kraftübungen sind ausführlich in Text und Bild dargestellt, weiterhin sind Zielmuskulatur, mitbeanspruchte Muskulatur, Schwierigkeitsgrad (Anfänger/ Fortgeschrittene/ Profi), eventuelle Alternativ-Positionen, Hinweise und Varianten aufgeführt.

Alle Kräftigungen die nachfolgend einseitig ausgeführt werden, sind nur für eine Seite beschrieben und müssen für die andere Seite nur gespiegelt werden.

Und jetzt:

HAVE FUN!

1. Kopf, Hals und Nacken

Hals (**collum**) und angrenzende Regionen haben viele Funktionen zu erfüllen und sind daher auch sehr komplex aufgebaut. Wir befassen uns in diesem Buch aber „nur" mit den Muskeln, welche Hals/ Nacken bzw. den Kopf bewegen.

Halsmuskeln werden in drei verschiedene Gruppen eingeteilt:
• oberflächliche Schichten
• mittlere Schichten
• tiefe Schichten

Diese Schichten und die dazugehörigen Muskeln werden in der Literatur teilweise unterschiedlich zugeordnet. Um der Verwirrung aus dem Weg zu gehen, wurde diese Detailtiefe am Hals und anderen Regionen ausgeklammert.

Der hintere Teil des Halses wird als Nacken bezeichnet. Die Nackenmuskulatur ist die Weiterführung der Rückenmuskeln und somit auch für Beugung, Neigung, Drehung und Streckung des Kopfes/ Halses zuständig. Alle Namen der Muskeln werden in den einzelnen Übungen nochmal als Ziel-/ mitbeanspruchte Muskulatur namentlich benannt.

Wenn verschiedene Abschnitte oder Teile eines Muskels mehrere Aufgaben als nur für die Kopf/ Hals-Region haben, werden diese dann erst in dem Abschnitt beschrieben, wo sie der Übung entsprechend zum Einsatz kommen. Natürlich ist jede Bewegung oftmals ein Zusammenspiel mehrerer Muskeln/ -gruppen.

Halsrotation, sitzend

• **TR** sitzt im **Schneidersitz**, Hände sind auf dem Knie abgestützt.
• Kopf wird bei Beginn der Kräftigung gerade gehalten.
• **AN** steht seitlich neben dem **TR** und setzt das Polster horizontal **AN** die rechte Schläfe des **TR** an.
• **TR** beginnt, aus der nach vorne gerichteten Grundstellung des Kopfes, langsam gegen den Widerstand, seinen Kopf nach rechts zu drehen.
• Am Ende der Drehung angekommen, rotiert der **TR** mit Druck gegen das Polster ein Stück weiter als die Mittelstellung nach links. Dann rotiert er gegen das Gewicht wieder maximal nach rechts.
• Dies wird so oft wiederholt, bis der gesamte Weg der Rotation mit Gewicht auf der rechten Kopfseite ausgeführt wurde.
• **AN** rotiert exakt nach der Vorgabe des **TR** dessen Kopf und achtet stets auf die korrekteAusführung der Kräftigung.

Mögliche Positionen
• **Vierfüßlerstand**
• **Beine nach vorne,** leicht gespreizt und ca. 90 Grad angewinkelt, mit gestreckten Armen hinter dem Rücken, Hände sind außenrotiert abgestützt

> ⊙ Bitte niemals (vor allem bei ungeübten Personen) im ersten Satz den gesamten Weg des Kopfes/ Halses laufen lassen – immer vorsichtig herantasten und von Satz zu Satz den Weg verlängern.

Zielmuskulatur:

- M. longus colli cervicis (langer Halsmuskel), M. longissimus capitis (längster Kopfmuskel),
  M. longissimus cervicis (längster Halsmuskel), M. sternocleidomastoideus (großer Kopfwender), M. rectus capitis posterior major (gr. hinterer gerader KM), M. rectus capitis posterior minor (kl. hinterer gerader KM), M. obliquus capitis superior (oberer schräger Kopfmuskel), M. obliquus capitis inferior (unterer schräger Kopfmuskel), M. interspinales cervicis (Zwischendornfortsatzmuskel), M. semispinalis cervicis (Halbdornmuskel des Halses), M. semispinalis capitis (Halbdornmuskel des Kopfes), M. spinalis capitis (Dornfortsatzmuskel des Kopfes), M. splenius cervicis (Riemenmuskel des Halses), M. splenius capitis (Riemenmuskel des Kopfes), M. trapezius pars descendens (absteigender Teil des Trapezmuskels)

Mitbeanspruchte Muskulatur:

- M. longus capitis (langer Kopfmuskel), M. levator Scapulae (Schulterblatthebermuskel)

Schwierigkeitsgrad:

- mittel (Fortgeschrittener)

2. Schulter

Musculus deltoideus (altgr. dreieckartig) oder Deltamuskel dient der Armhebung. Er sitzt wie eine Kappe über dem Schultergelenk und gibt diesem einen festen Halt, indem er den Oberarmknochen (**Humerus**) mit seinem Kopf (**Epiphyse**) in der Gelenkpfanne positioniert.

Der Deltamuskel wird in drei Teile untergliedert:
1. Grätenteil, hinterer Anteil (**Pars spinalis**)
2. Schulterhöhenteil, mittlerer Anteil (**Pars acromialis**)
3. Schlüsselbeinteil, vorderer Anteil (**Pars clavicularis**)

Die mittleren Fasern der Schultermuskulatur bestehen aus einer Vielzahl gefiederter Muskelbündel. Da sie zum Oberarmknochen zusammenlaufen (konvergieren), können sie relativ schwere Gewichte heben und den Arm präzise an jede gewünschte Stelle bringen. Diese Eigenschaft sollte daher im Training durch verschiedene Winkelstellungen genutzt werden.

Gefiederte Muskeln können ein viel größeres Gewicht bewegen (allerdings nur über eine geringe Strecke), sich aber nicht so stark verkürzen als spindelförmige oder parallelfaserige.

Da die vordere und hintere Schulter aus Parallelfasern bestehen, arbeiten sie beim Seitheben mit den gefiederten Fasern der mittleren Schulter synergistisch zusammen. Die einen können mehr Gewicht heben, die anderen sich mehr zusammenziehen.

Ursprung:
1. Grätenteil (**Pars spinalis**): Schulterblattgräte (**Spina Scapulae**), parallelfaserig
2. Schulterhöhenteil (**Pars acromialis**): Schulterdach (**Acromion**) des Schulterblatts, gefiedert
3. Schlüsselbeinteil (**Pars Clavicularis**): seitlicher Bereich des Schlüsselbeins (**Clavicula**), parallelfaserig

Ansatz:
- Raue Knochenerhebung (**Tuberositas deltoidea humeri**) des Oberarmknochens (**Humerus**)

Funktion:
- Komplex, Hauptfunktion ist die Abspreizung (Abduktion) des Armes in drei Phasen:

Phase 1

- Ca. 10 bis 20 Grad mit Unterstützung durch den **Musculus supraspinatus**, dessen Aufgabe es u. a. ist, dem Deltamuskel (**M. deltoideus**) zu helfen und der außerdem verhindern soll, dass beim Anheben des Armes Kapselfalten eingeklemmt werden, daher auch sein Spitzname: „Wächter des Gelenks".

Phase 2

- Der weitere Zug ab ca. 20° nach oben erfolgt über den mittleren Teil des Deltamuskelss (**Pars acromialis**), der den Arm bis auf ca. 60° anhebt. Somit ist die ausreichende Hubhöhe erreicht, so dass die gefiederten Anteile von Schulterblattgräte (**Spina Scapulae**) und Schlüsselbein (**Clavicula**) übernehmen können und den Arm bis knapp über ca. 90° heben.

Phase 3

- Für ein weiteres Anheben (Elevation) des Armes über 90° muss jedoch eine Drehung (Rotation) des Schulterblattes (**Scapula**) stattfinden, da der Arm sonst gegen das Schulterdach (**Acromion**) stoßen würde.
- Vorderer Anteil (**Pars clavicularis**) zieht den Arm nach vorne oben und dreht ihn bei herabhängendem Arm unterstützend auch nach innen (Innenrotation, medial).
- Mittlerer Anteil (**Pars acromialis**) und Vorderer Anteil (**Pars clavicularis**) drehen gemeinsam den Arm nach vorne oben (Anteversion).
- Mittlerer Anteil (**Pars acromialis**) und hinterer Anteil (**Pars spinalis**) drehen gemeinsam den Arm nach hinten oben (Retroversion).
- Hinterer Anteil (**Pars spinalis**) zieht den Arm nach hinten (Extension) und dreht ihn bei herabhängendem Arm unterstützend auch nach außen (Aussenrotation, lateral).

Hochstemmen im Nacken, Ellenbogen 90°, sitzend

- **AN** stellt sich mit ca. 45 Grad nach innen gedrehten Füßen und leichter Kniebeuge hinter den **TR,** der sich mit geradem Rücken an die Oberschenkel des **AN** anlehnt.
- **TR** befindet sich mit geradem Rücken im Schneidersitz und greift den **PowerBambus** hinter dem Kopf so, dass die Unterarme senkrecht in ca. 90° zu den Oberarmen stehen.
- **PowerBambus** soweit in den Nacken absenken, dass die Ellbogen etwas tiefer als die Schultern stehen. **AN** legt seine Hände innen neben die des **TR** auf den **PowerBambus**.
- Mit vereinbartem Gewicht drückt der **TR** den **PowerBambus** hinter dem Kopf soweit senkrecht nach oben, bis die Arme nur noch leicht gebeugt sind.
- Gegen das Gewicht des **AN** den **PowerBambus** hinter dem Kopf langsam absenken, dabei Rücken gerade halten, bis die Ellbogen wieder ein wenig tiefer als die Schultern stehen.

Alternative Positionen:
- Einbeinkniestand
- Auf Stuhl oder Bank sitzend

Details:
- **Zielmuskulatur:** M. deltoideus pars acromialis (seitlicher Teil des Deltamuskels), M. deltoideus Pars clavicularis (vorderer Teil des D.) , M. deltoideus pars spinalis (hinterer Teil des D.)
- **Mitbeanspruchte Muskulatur:** M. trapezius (Kapuzenmuskel) – obere Fasern, M. trizeps brachii (dreiköpfiger Armmuskel), M. anconaeus (Knorrenmuskel), M. serratus anterior (vorderer Sägemuskel), M. pectoralis major (großer Brustmuskel) – Schlüsselbeinfasern

Schwierigkeitsgrad:
- mittel (Fortgeschrittener)

Hinweis:
- ACHTUNG! Die Schultergelenke stellen eine Schwachstelle dar, daher sollte bei Schmerzen oder Problemen mit dem Schultergelenk versucht werden, diese zu lösen, indem der **PowerBambus** nicht so tief hinter den Nacken herabgelassen wird. Hilft dies nicht, sollte diese Übung nicht ausgeführt werden oder mit nur einem Arm versucht werden.
- Arme nicht ganz durchstrecken, um die Muskelspannung zu erhalten und die Ellbogengelenke zu schonen.

3. Rotatorenmanschette

Der Begriff Rotatorenmanschette steht für die tiefen Sehnen in der Schulter. Die Sehnen der vier Muskeln, welche diese Manschette bilden, setzen alle am Oberarmkopf an und sind an ihrem Ursprung fast nicht mehr zu unterscheiden. Dies ist auch der Grund, warum man von einer Manschette spricht, obwohl es sich um vier Muskeln handelt.

Die Schulter besteht aus einer tiefen und einer oberen Muskelschicht. Oben sitzt der Deltamuskel mit seinen drei Abschnitten wie eine Kappe. In der Tiefe sitzt die Rotatorenmanschette, die auch wie der Delta aus drei Abschnitten (vorderer, mittlerer, hinterer) besteht.

Im Krafttraining der Schulter wird leider oftmals der Fokus nur auf den Delta gerichtet. Die gelenkstabilisierenden und fixierenden Muskeln sind jedoch vielmehr die vier der Rotatorenmanschette als die des Deltas. Im Vergleich zum Hüftgelenk besitzt das Schultergelenk nur eine sehr kleine Gelenkpfanne, die den Kopf hält.

Wie oben schon angesprochen, wird die Schultergelenk-stabilisierende Rotatorenmanschette im Alltag leider kaum noch genutzt. Dies führt oft zu einer Dysfunktion dieser Muskeln und dann auch vielleicht zu einem Impingement.

Schultergelenk-Probleme, wie z.B. ein Impingement-Syndrom (Engpass durch Zusammenstoß von Schulterdach und Oberarmkopf), die zu schmerzhaften Einklemmungen von Sehnen oder Muskeln innerhalb eines Gelenks führen, werden oft durch immer wiederkehrende Bewegungen im Beruf o. ä. über viele Jahre langsam entwickelt.

Bei regelmäßigem Training der Rotatorenmanschette durch z. B. „OneFlex"-Heilübungen (6-Schritte-Flexibilisierungen), dem **AEROLETIC GeoYoga** und dem **AEROLETIC PowerBambus**-Krafttraining, können die Rotatoren wieder ihre Funktionen erfüllen, was unter anderem auch den Schulterkopf wieder richtig im Gelenk fixiert und damit ein Impingement-Syndrom beseitigen kann.

Die Rotatorenmanschette wird aus vier Muskeln gebildet:
- M. subscapularis
- M. infraspinatus
- M. supraspinatus
- M. teres minor

und sind nachfolgend ihrer Funktion nach aufgelistet.

Info:
Der **M. teres major** gehört interessanterweise trotz Namensähnlichkeit mit dem **M. teres minor** nicht zur Rotatorenmanschette.

Rotatorenmanschette, Außenrotatoren

Musculus infraspinatus (Untergrätenmuskel)
Ursprung:
- Grube des Schulterblatts (**Fossa infraspinata**)

Ansatz:
- Seitlicher Knochenvorsprung des Oberarmknochens (**Tuberculum majus humeri**)

Funktion:
- Außenrotation des Arms, leichte Abduktion bei gesenktem Arm, leichte Adduktion bei gehobenem Arm

Musculus teres minor (lat. für „kleiner Rundmuskel")
Ursprung:
- Äußerer Rand des Schulterblattes (**Margo lateralis scapulae**)

Ansatz:
- Seitlicher Knochenvorsprung des Oberarmknochens (**Tuberculum majus humeri**)

Funktion:
- Auswärtsdrehung und Retroversion des Arms (Anheben des Armes nach hinten durch Bewegung im Schultergelenk) und Adduktion

Musculus supraspinatus (lat. für „Obergrätenmuskel")
Ursprung:
- Grube oberhalb der Gräte des Schulterblatts (**Fossa supraspinata**)

Ansatz:
- Oberer Knochenvorsprung des Oberarmknochens (**Tuberculum majus humeri**)

Funktion:
- Abduktion (bei seitlich angelegtem Arm) bis ca. 20°, Außenrotation

Die Hauptaufgabe dieser drei Muskeln ist die Außenrotation des Oberarmknochens (**Humerus**), aber auch die Stabilisation des Oberarmkopfes in der Gelenkpfanne, die sie zusammen mit dem **Subscapularis** tragen.

Außenrotatoren: Oberarm neben dem Körper, Rückenlage

- **TR** liegt auf dem Rücken, die Beine sind gestreckt und etwas gespreizt. Rechter Oberarm liegt mit Ellbogen in 90°-Stellung seitlich am Rumpf an, Unterarm ist nach innen gedreht mit der Faust auf linkem Oberarm, linke Hand fixiert den rechten Ellbogen.
- **AN** steht im Einbeinkniestand rechts neben **TR** und drückt diesem das Polster horizontal und mittig auf den Handrücken.
- **TR** drückt bzw. dreht das Polster gegen die Kraft des **AN** maximal nach außen.
- **TR** gibt langsam nach, gegen die Kraft des **AN** und dreht seinen Unterarm zurück zur Brust.
- **AN** und **TR** kommunizieren auf dem gesamten Weg der Kräftigung ständig miteinander über Gewicht, Positionseinstellungen und andere wichtige Infos zur Ausführung.

Alternative Positionen:
- Auf Stuhl oder Bank sitzend (mit Polster am Ende des **PowerBambus**), stehend.

Hinweis:

- Ellbogen des **TR** wird während der gesamten Übung im 90° Winkel gehalten und von der anderen Hand fixiert, der Oberarm hält immer seine Position seitlich am Brustkorb.
- Arm des **TR** dreht in Kreisform nach innen – nicht schieben!
- Beine sollten etwas gespreizt liegen, um dem Oberkörper mehr Stabilität zu bieten.

Details:
- **Zielmuskulatur:** **M. infraspinatus** (Untergratenmuskel), **M. teres minor** (kleiner Rundmuskel)
- **Mitbeanspruchte Muskulatur:** **M. supraspinatus** (Obergrätenmuskel), **M. deltoideus pars spinalis** (Schulterblattanteil des hinteren Deltamuskel)

Schwierigkeitsgrad:
- **mittel (Fortgeschrittener)**

4. Triceps

Der **Musculus triceps brachii** (dreiköpfiger Oberarm-muskel) befindet sich auf der Rückseite des Oberarms. Er streckt und macht ⅔ des Oberarmvolumens aus. Seine drei Köpfe heißen:

- **Caput longum** (langer Kopf)
- **Caput mediale** (mittlerer Kopf)
- **Caput laterale** (hinterer Kopf)

Der mittlere Kopf ist von den anderen beiden Köpfen fast vollständig überdeckt. Mittlerer und hinterer Kopf des **M. triceps** haben ihren Ursprung am Oberarm-knochen (**Humerus**). Die Ursprungssehne des langen Kopfes läuft durch die Schultergelenkkapsel bis zum Knochenhöckerchen des Schulterblatts (**Tuberculum in-fraglenoidale scapulae**). Der Ansatz des **Triceps brachii** sitzt am Hakenfortsatz (**Olecranon**) der Elle (**Ulna**).

Ursprung:
- mittlerer und hinterer Kopf am Oberarmknochen, langer Kopf am Schulterblatt

Ansatz:
- Hakenfortsatz der Elle

Funktion:
- Armstreckung

Musculus anconaeus (Ellbogenhöckermuskel) ist von der Funktion eng mit dem **M. triceps brachii** ver-bunden. Sein Ursprung ist zum Grossteil der seitliche Knochenvorsprung (**Epicondylus lateralis**) des Ober-armknochens (**Humerus**), manche Fasern gehen vom seitlichen Ellenband (**Ligamentum collaterale ulnare**), sowie von der Gelenkkapsel des Ellbogengelenks (**Arti-culatio cubiti**) ab.

Sein Ansatz ist seitlich am Hakenfortsatz (**Olecranon**) und das nahe zur Körpermitte (proximale) gelegene Viertel der hinteren (posterioren) Seite des Ellenschaf-tes (**Corpus ulnae**).

Er unterstützt leicht den **M. triceps brachii** im Stre-cken (Extension) des Ellbogengelenks. Außerdem ist er an der Einwärtsdrehung (Pronation) des Unterarms beteiligt. Dann hat er noch die Aufgabe des Kapselspan-ners und verhindert damit das Einklemmen von Kapsel-gewebe in das Ellbogengelenk (**Articulatio cubiti**).

Ursprung:
- Knochenvorsprung am Oberarmknochen

Ansatz:
- Hakenfortsatz der Elle

Funktion:
- Leichte Ellbogenstreckung, Einwärtsdrehung des Unterarms und Kapselspanner

Über dem Kopf, sitzend

- **TR** sitzt bequem im Schneidersitz, der Oberkörper ist aufrecht. Oberarme stehen schulterbreit senk-recht nach oben, Ellbogen sind maximal gebeugt.
- **AN** stellt sich hinter den **TR,** gibt ihm den **Pow-erBambus** von oben zu greifen und stellt seinen Fuß dicht ans Gesäß, zweites Bein stabilisiert ein Stück vom Rücken entfernt.
- **TR** lehnt sich mit geradem Rücken bequem an das Außenbein des **AN**.
- **AN** hält den **PowerBambus** weiter außen und drückt anfangs mit wenig Gewicht gegen die Streck-bewegung der Unterarme des **TR**.
- Kurz vor der maximalen Streckung der Arme stoppt der **TR** die Übung. **AN** drückt weiterhin mit dem ver-einbarten Gewicht nach unten, gegen die langsam wieder beugenden Unterarme des **TR**.

ACHTUNG:
Da bei dieser Übung das Schulterdach dem Oberarm-kopf sehr nahe kommt, sollte bei Schmerzen oder Problemen mit dem Schultergelenk die senkrechte Stellung des Oberarms nach oben in einen vielleicht schmerzfreien Bereich angepasst werden. Bringt dies keine Entlastung, sollte diese Übung nicht ausgeführt und gegen andere Trizeps-Varianten ersetzt werden!

Generell sollte bei wiederkehrenden Bewegungsein-schränkungen/ Schmerzen (egal in welchem Winkel!) ein Therapeut konsultiert werden (z. B. **AEROLETIC PainRelease** oder theranetic).

Alternative Positionen:
- Einbeinkniestand
- Sitzend auf Stuhl oder Bank

Hinweis:
- Um die Übung korrekt auszuführen zu können und den Rücken zu schonen, sollte die Beinrückenlehne immer angewendet werden.
- Arme dürfen nicht ganz durchgestreckt werden, um die Muskelspannung zu erhalten und die Ellbogen-gelenke zu schonen.
- Oberarme sollten während der gesamten Kräftigung möglichst unbewegt bleiben.
- Durch die Stellung der Oberarme (möglichst senk-recht nach oben), wird der lange Kopf des Trizeps gedehnt, wodurch dieser besonders belastet wird. Deshalb ist es wichtig, dass die Oberarme ihre möglichst senkrechte Position während der Kräftigung die ganze Zeit beibehalten.

- Durch Stabilisieren des Handgelenks am **PowerBambus**, wird auch die Unterarmmuskulatur in isometrischer Kontraktion während der gesamten Übung mittrainiert, hier überwiegend die Handgelenkbeuger.

Details:
- **Zielmuskulatur:** M. triceps brachii (dreiköpfiger Oberarmmuskel)
- **Mitbeanspruchte Muskulatur:** M. anconaeus (Ellbogenhöckermuskel)

Schwierigkeitsgrad:
- mittel (Fortgeschrittener)

Raum für Notizen zur Übung

_____

_____

_____

_____

_____

_____

_____

_____

_____

_____

_____

Hinter dem Kopf, einarmig, Einbein-kniestand

- TR begibt sich in den Einbeinkniestand (rechtes Knie am Boden), stellt rechten Oberarm senkrecht nach oben und beugt den Unterarm hinter dem Kopf.
- Linke Hand stützt sich im vorderen Drittel auf den linken Oberschenkel, Rücken ist aufrecht.
- In dieser Ausgangstellung, kniet sich der AN hinter den TR, gibt diesem den **PowerBambus** senkrecht kurz vor dem Pad zu greifen, während er den **PowerBambus** am unteren Stück fasst.
- Der AN fixiert den Ellbogen des TR und zu Anfang zieht der AN den **PowerBambus** mit weniger Zug nach unten, gegen den der TR seinen Unterarm bis kurz vor die Streckung bringt.
- AN hält durchgehend den Zug nach unten, gegen den der TR seinen Unterarm wieder hinter den Kopf beugt.

ACHTUNG:

Da bei dieser Übung das Schulterdach dem Oberarm-kopf sehr nahe kommt, sollte bei Schmerzen oder Problemen mit dem Schultergelenk die senkrechte Stellung des Oberarms nach oben in einen vielleicht schmerzfreien Bereich angepasst werden. Bringt dies keine Entlastung, sollte diese Übung nicht ausgeführt und gegen andere Trizeps-Varianten ersetzt werden!

Generell sollte bei wiederkehrenden Bewegungsein-schränkungen/ Schmerzen (egal in welchem Winkel!) ein Therapeut konsultiert werden (z. B. theranetic).

Alternative Positionen:

- Sitzend auf Stuhl oder Bank

Hinweis:

- Arme dürfen nicht ganz durchgestreckt werden, um die Muskelspannung zu erhalten und die Ellbogen-gelenke zu schonen.
- Oberarme sollten während der gesamten Kräftigung möglichst unbewegt bleiben und Ellbogen nach oben gerichtet bleiben.
- Rücken gerade halten und nicht ins Hohlkreuz brin-gen.
- AN muss ständig darauf achten, den **PowerBambus** exakt der Richtung/ Wegstrecke des TR anzupassen und dabei das ausgemachte Gewicht als Gegenzug beizubehalten.

Details:

- **Zielmuskulatur:** M. Triceps brachii (dreiköpfiger Oberarmmuskel)
- **Mitbeanspruchte Muskulatur:** M. anconaeus (Ellbogenhöckermuskel)

Schwierigkeitsgrad:

- mittel (Fortgeschrittener)

Raum für Notizen zur Übung

_____

_____

_____

_____

_____

_____

_____

_____

_____

_____

_____

_____

_____

_____

_____

_____

_____

_____

_____

_____

_____

_____

_____

_____

_____

_____

_____

_____

5. Bizeps, Brachialis, Brachioradialis

Musculus biceps brachii (biceps „zweiköpfig") hat einen inneren kurzen (**Caput breve**) und äußeren langen Kopf (**Caput longum**). Diese Köpfe können je nach Übung unterschiedlich beansprucht werden. Das Training dieses Muskels sollte immer sauber, ohne Schwung oder Reißen stattfinden. Der Ursprung des kurzen Kopfes ist der Rabenschnabelfortsatz des Schulterblatts (**Processus coracoideus scapulae**). Der des langen Kopfes ist ein kleiner Höcker oberhalb der Gelenkpfanne des Schulterblatts (**Tuberculum supraglenoidale** der **Scapula**).

Ansatz des kurzen Kopfes ist eine Sehnenplatte (**Aponeurosis bicipitalis** oder **Lacertus fibrosus** = die Unterarmfaszie genannt) an der Elle (**Ulna**). Der Ansatz des langen Kopfs ist die Speichenbeule, eine prominente Aufrauhung der Speiche (**Tuberositas radii**).

Abgesehen von seiner Hauptfunktion als Beuger des Arms, ist er zusätzlich bei rechtwinkliger Beugung des Ellbogens noch der stärkste Auswärtsdreher (Supinator) des Unterarms. Weiterhin ist er an der Armanhebung nach vorne oben (Anteversion) beteiligt und an der Fixierung des Oberarmkopfes.

Ursprung:
- Kurzer Kopf: Rabenschnabelfortsatz Schulterblatt
- Langer Kopf: kleiner Höcker oberhalb Gelenkpfanne Schulterblatt

Ansatz:
- Kurzer Kopf: Über die Sehnenplatte an der Elle
- Langer Kopf: Speichenbeule

Funktion:
- Ellenbogen: Beugung
- Hand: Auswärtsdrehung
- Schultergelenk: Armanhebung nach vorne oben, Fixierung des Oberarmkopfes

Musculus brachialis (Oberarmmuskel) liegt hinter dem Bizeps an der Innenseite des Oberarms. Zusammen mit dem Bizeps zieht er den Unterarm nach oben (Ellenbogenbeugung bzw. Flexion), überwiegend bei innenrotiertem (proniertem) Unterarm. Sein Ursprung ist das untere Drittel (distal) der Vorderfläche des Oberarmknochens (**Humerus**), sowie die in der Mitte (medial) gelegenen als auch mit kleinen Anteilen an der Aussenseite der Faszienschicht des Oberarms (**Septum intermuscularae brachii mediale/ laterale**). Der Ansatz des **M. brachialis** befindet sich an der rauhen Vorderfläche (**Tuberositas ulnae**) der Elle (**Ulna**).

- Er kann im Gegensatz zum Bizeps den Unterarm sowohl in der Außenrotation (Supination) als auch in der Innenrotation (Pronation) beugen. „Die Elle steht, die Speiche dreht."
- Dadurch dass der **M. brachialis** im Gegensatz zum Bizeps nur über ein Gelenk läuft (Ellenbogengelenk) und einen größeren Querschnitt hat, kann er seine Kraft besser übertragen und ist dadurch auch der stärkere der beiden Armbeuger.

Ursprung:
- Vorderfläche des Oberarmschafts

Ansatz:
- Vorderfläche der Elle

Funktion:
- Beugung des Ellbogen

Musculus brachioradialis (Oberarmspeichenmuskel) verläuft von 3 Ursprüngen:
1. von der unteren Außenseite des Oberarmknochens (**Humerus**) an den ausgeprägten Knochenkämmen (**Crista supracondylaris lateralis**) oberhalb des äußeren Gelenkkopfes, die von den Knochenvorsprüngen (**Epikondylen**) in der unmittelbaren Nähe des Gelenkkopfs (**Condylus**) zum Oberarmknochenschaft (**Humerus**schaft) ziehen. Sowie 2. von der Knochenlinie (**Linea supracondylaris lateralis**) die oberhalb des seitlichen Gelenkkopfs (**Condylus lateralis**) des Oberarmknochens (**Humerus**) liegt. Der 3. Ursprung liegt an der äußeren Faszienschicht des Oberarms (**Septum intermusculare brachii laterale**). Sein Ansatz ist der Griffelfortsatz der Speiche (**Processus styloideus radii**).

Hinweise:
- Durch seinen langen Hebelarm ist der **M. brachioradialis** vor allem bei innenrotiertem (proniertem) Unterarm an der Beugung des Ellenbogengelenks beteiligt.
- Außerdem ist er je nach Stellung des Unterarms ein Auswärts- (Supinator) oder Einwärtsdreher (Pronator).

Ursprung – 3fach:
1. Äußere Knochenkämme am Rand des Oberarmknochens
2. Knochenlinie oberhalb seitlicher Gelenkkopf
3. Äußere Faszienschicht des Oberarms

Ansatz:
- Griffelfortsatz der Speiche

Funktion:
- Innen-, Außenrotation, geringe Beugung Unterarm

Oberarme neben dem Rumpf, Rückenlage

- **TR** liegt mit gestreckten Beinen auf dem Rücken, greift den **PowerBambus** schulterbreit von unten, legt die Oberarme ohne zu klemmen eng neben dem Rumpf am Boden ab und führt den **PowerBambus** mit fast gestreckten Ellbogen auf die Oberschenkel.
- **AN** kniet im Einbeinkniestand so über dem **TR**, dass dieser in der Ausführung nicht behindert wird und greift den **PowerBambus** weiter außen von oben.
- **AN** drückt anfangs mit wenig Gewicht gegen die Beugebewegung der Unterarme des **TR**.
- In der maximalen Beugung der Arme angekommen, zieht der **AN** gegen die exzentrische Kraft des **TR** dessen Unterarme wieder in die Streckung.

Details:
- **Zielmuskulatur:** M. biceps brachii (Bizepsmuskel), M. brachialis (Oberarmmuskel)
- **Mitbeanspruchte Muskulatur:** Flexoren (Unterarmbeuger), M. brachioradialis (Ellbogenhöckermuskel)

Schwierigkeitsgrad:
- leicht (Anfänger)

Hinweise:
- Volle Konzentration auf den Bizeps und optimale Kontrolle der Bewegung bei Entlastung des Rückens, da keine statischen Haltekräfte notwendig. Sehr gute Alternativ-Übung bei Rücken-, Becken-, Knieproblemen etc.
- Während der gesamten Kräftigung werden die Oberarme dicht neben dem Rumpf gehalten und nicht bewegt.
- Arme dürfen nicht ganz durchgestreckt werden, um die Muskelspannung zu erhalten und die Ellbogengelenke zu schonen.
- Durch Stabilisieren des Handgelenks am **PowerBambus**, wird auch die Unterarmmuskulatur in isometrischer Kontraktion während der gesamten Übung mittrainiert, hier überwiegend die Handgelenkbeuger.

Oberarme neben dem Rumpf, Unterarme innenrotiert, stehend

- **TR** stellt zum Stabilisieren einen Fuß etwa beckenbreit vor. Oberkörper ist aufrecht, Oberarme erst senkrecht nach unten, dann leicht nach vorne halten und nicht an den Körper klemmen.
- In dieser Stellung greift der **TR** den **PowerBambus** schulterbreit von oben.
- **AN** drückt weiter außen von oben auf den **PowerBambus**.
- **AN** drückt anfangs mit wenig Gewicht gegen die Beugebewegung der Unterarme des **TR**.
- In der maximalen Beugung der Arme angekommen, zieht der **AN** gegen die exzentrische Kraft des **TR** dessen Unterarme wieder in die Streckung ganz nach unten.

Details:
- **Zielmuskulatur:** M. brachialis (Oberarmmuskel), M. brachioradialis (Ellbogenhöckermuskel)
- **Mitbeanspruchte Muskulatur:** M. biceps brachii (Bizepsmuskel), Extensoren (Unterarmstrecker)

Schwierigkeitsgrad:
- mittel (Fortgeschrittener)

Hinweis:
- Während der gesamten Kräftigung werden die Oberarme dicht neben dem Rumpf gehalten und nicht bewegt.
- Arme dürfen nicht ganz durchgestreckt werden, um die Muskelspannung zu erhalten und die Ellbogengelenke zu schonen.
- Durch Stabilisieren des Handgelenks am **PowerBambus**, wird auch die Unterarmmuskulatur in isometrischer Kontraktion während der gesamten Übung mittrainiert, hier überwiegend die Handgelenkstrecker.
- Diese Übung stärkt das Handgelenk von der Streckerseite. Da im Krafttraining und auch im Alltag immer mehr die Beuger ausgebildet werden, kommt es zu einem Ungleichgewicht zwischen diesen beiden Muskelgruppen, was durch diese Übung besser ausgeglichen werden kann.

Seitliches Körperziehen, stehend

- **TR** und **AN** stellen sich mit der rechten Körperseite gegenüber und setzen die Außenkanten ihres zum Partner zeigenden Fußes aneinander.
- **AN** hält den **PowerBambus** (ggfs. ohne Polster) mit nach vorne gestrecktem Arm gut fest und lehnt sich mit Ausfallschritt leicht zurück.
- **TR** greift den **PowerBambus** mit zur Seite geführtem und gebeugtem rechten Arm, aufrecht stehend, mittig von unten.
- **TR** neigt sein Köpergewicht langsam zur linken Seite und streckt dabei seinen rechten gebeugten Arm seitlich auf die Horizontale. **AN** neigt sich als Gegengewicht nach hinten.
- Kurz vor der Maximalstreckung zieht sich der **TR** aus der Seitneigung, über Armbeuge und Heranziehen des Oberarms an den seitlichen Rumpf wieder zurück in die aufrechte Ausgangsstellung.

Hinweis:

ACHTUNG: Diese Übung baut besonders den Bizeps auf und sollte nur am Ende eines Armtrainings gemacht werden, wenn die Muskulatur schon stark aufgewärmt ist.

- Die horizontale Haltung des Arms streckt und spannt besonders den langen Kopf des Bizeps und belastet ihn somit mehr als den kurzen Kopf.
- Während der gesamten Kräftigung wird der Arm seitlich am Körper gehalten und nicht nach vorne bewegt, dies würde die Brustmuskulatur mit einschalten.
- Arme dürfen nicht ganz durchgestreckt werden, um die Muskelspannung zu erhalten und die Ellbogengelenke zu schonen.
- Durch Stabilisieren des Handgelenks am **PowerBambus** wird auch die Unterarmmuskulatur in isometrischer Kontraktion während der gesamten Übung mittrainiert, hier überwiegend die Handgelenkbeuger.

Details:

- **Zielmuskulatur: M. biceps brachii** (Bizepsmuskel), **M. brachialis** (Oberarmmuskel), **M. latissimus dorsi** (breitester Rückenmuskel), **M. teres major** (großer Rundmuskel)
- **Mitbeanspruchte Muskulatur:** Flexoren (Unterarmbeuger), **M. deltoideus Pars acromialis** (Deltamuskel, mittlerer Anteil)

Schwierigkeitsgrad:
- **mittel (Fortgeschrittener)**

6. Unterarmbeuger, Unterarmstrecker

Unterarmmuskulatur wird zwar durch nahezu jede Kräftigung des Oberkörpers mit beansprucht, zumeist aber nur isometrisch (gr. „gleiches Maß, gleiche Länge"). Eine isometrische Muskelkontraktion wird definiert als ein Muskel, der ausschließlich eine Spannungsveränderung ausführt, aber nicht seine Länge verändert. Die Handgelenkstrecker und Beuger halten bei den meisten Übungen das Handgelenk nur stabil in Verlängerung des Unterarms, was eine isometrische Muskelkontraktion ergibt. Durch die nachstehenden Übungen wird die Unterarmmuskulatur isoliert in Bewegung trainiert (konzentrisch und exzentrisch) und damit in ihrer ganzen Funktion voll ausgebildet.

Handgelenkbeugen hinter dem Gesäß, stehend

- **TR** steht beckenbreit, Arme sind nach unten hinter den Rücken gesteckt, die Handrücken liegen zwischen Gesäß und Oberschenkeln auf.
- **AN** stellt sich hinter den **TR** und gibt diesem den **PowerBambus** (ohne Polster) mittig so zu greifen, dass die Handrücken vor den Oberschenkeln sind.
- Den gegriffenen **PowerBambus** läßt der **TR,** durch langsames Öffnen der Hände, zu den Fingerkuppen rollen.
- An dem Punkt, wo der **TR** den **PowerBambus** gerade noch mit leicht gekrümmten Fingern halten kann, greift der **AN** im Kniestand den **PowerBambus** weiter außen von oben.
- **TR** streckt seine Finger maximal durch, legt seine Handrücken auf die Oberschenkel, der **AN** rollt den **PowerBambus** bis an dessen Ende der Fingerkuppen.
- Mit horizontalem Druck über den **PowerBambus** auf die Fingerspitzen des **TR,** greift dieser den **PowerBambus** über die Fingerglieder bis hin zur maximalen Beugung der Fäuste.
- **AN** läßt den **PowerBambus** immer gegen die Roll/Greifbewegung des **TR** langsam durch seine Finger gleiten.
- Am Ende der Beugung der Fäuste, streckt der **TR** gegen die Kraft des **AN** erst langsam seine Handgelenke, dann die Finger, bis die Hände wieder gestreckt auf den Oberschenkeln aufliegen.
- **AN** und **TR** kommunizieren auf dem gesamten Weg der Kräftigung ständig miteinander über Gewicht, Positionseinstellungen und andere wichtige Infos zur Ausführung.

Alternative Position:
1. Auf dem Bauch liegend, Arme nach vorne gestreckt, Hände außenrotiert
2. Hände nach hinten auf dem Gesäß

Hinweis:
- Während der gesamten Kräftigung werden die Oberarme dicht am Körper gehalten und nicht bewegt.
- Die Ellenbogen sind während der gesamten Übung gestreckt.
- Die Beugerkräftigung ohne Partner, mit der Langoder Kurzhantel, ermöglicht keine vollständige Streckung der Finger, da sonst die Hantel nicht mehr gehalten werden könnte! Somit stehen die Finger immer in einer verkürzten Stellung – im Gegensatz zur **AEROLETIC PowerBambus**-Partner-Übung, die die Stärkung mit der Streckung kombiniert.

Details:
- **Zielmuskulatur:** Unterarmbeuger: **M. flexor carpi radialis** (radialer Handbeuger), **M. palmaris longus** (langer Hohlhandmuskel), **M. flexor carpi ulnaris** (ulnarer Handbeuger) sowie die oberflächlichen und tiefen Fingerbeuger

Schwierigkeitsgrad:
- **mittel (Fortgeschrittener)**

Raum für Notizen zur Übung

Handgelenkstrecken in Fauststellung, stehend

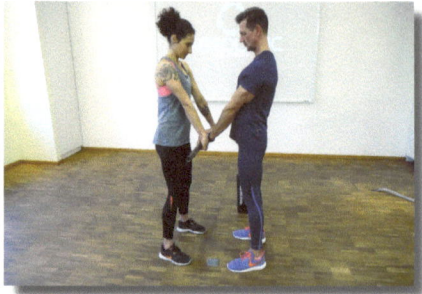

- **TR** steht beckenbreit, die Arme sind nach unten vor den Körper gestreckt, die Handflächen liegen auf den Oberschenkel auf. **AN** stellt sich vor den **TR** und gibt diesem den **PowerBambus** li./re. neben dem Polster zu greifen.
- Mit dem gegriffenen **PowerBambus** und gestreckten Ellenbogen, beugt der **TR** seine Handgelenke soweit wie möglich.
- Im Kniestand greift der **AN** den **PowerBambus** weiter außen von oben und drückt diesen durch Einrollen in Richtung Beugung der Fäuste des **TR**.
- **TR** streckt nun langsam gegen die Kraft des **AN** seine Handgelenke nach vorne oben. Kraftbegrenzung ist die Haltefähigkeit ohne durchrutschen zu lassen.
- In der Steckung der Handgelenke angekommen, dreht/rollt der **AN** den **PowerBambus** in Richtung Beugung, gegen diese Kraft der **TR** seine Handgelenke wieder langsam abläßt.

Alternative Positionen:
- Sitzend, liegend, etc.

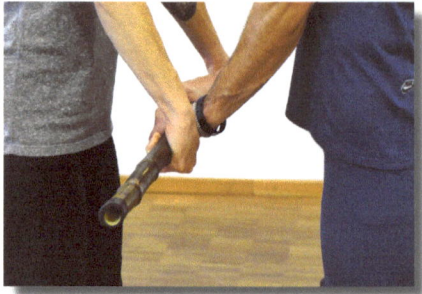

Hinweis:
- Während der gesamten Kräftigung werden die Oberarme dicht am Körper gehalten und nicht bewegt.
- Die Ellenbogen sind während der gesamten Übung gestreckt.
- Griff des **PowerBambus** mit oder ohne Daumen je nach Belastung im Sattelgelenk.

Details:
- **Zielmuskulatur:** Unterarmstrecker: M. extensor carpi radialis longus (langer radialer Handstrecker), M. extensor carpi radialis brevis (kurzer radialer Handstrecker), M. extensor carpi ulnaris (ulnarer Handstrecker), gemeinsame Fingerstrecker (M. extensor digitorum) und Kleinfingerstrecker (M. extensor digiti minimi)

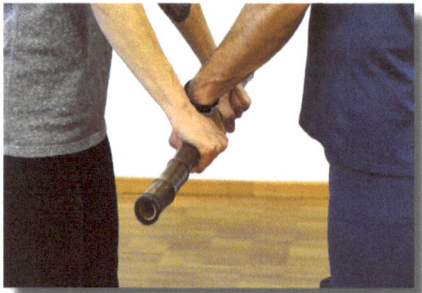

Schwierigkeitsgrad:
- mittel (Fortgeschrittener)

7. Unterarmrotatoren

Supination (supinitas = zurückgebogene Stellung) beschreibt die Auswärtsdrehung der Hand, durch eine Rotation des Unterarms, Eselsbrücke: **Sup**pe löffeln. In dieser Stellung stehen Elle und Speiche parallel nebeneinander.

Pronation (verbeugen) beschreibt die Einwärtsdrehung der Hand, durch eine Rotation des Unterarms, Eselsbrücke: **B(p)ro**t schneiden. In dieser Stellung sind Elle und Speiche überkreuzt.

Supinatoren

An der Auswärtsdrehung (Supination) des Unterarms sind folgende Muskeln beteiligt:

Musculus supinator (Auswärtsdreher) verläuft von einer seitlichen Knochenvorwölbung (**Epicondylus lateralis**) des Oberarmknochens (**Humerus**) und am seitlichen Speichenband (**Ligamentum collaterale radiale**), sowie am Speichenringband (**Ligamentum anulare**) des Ellbogengelenks (**Articulatio cubiti**). Sein Ansatz liegt an der Speiche (**Radius**), zwischen der Speichenbeule (**Tuberositas radii**) und dem Ansatz des **M. pronator teres**.

Die Funktion des Supinators steckt im Wort selbst, nämlich die Auswärtsdrehung (Supination) des Unterarms.

Ursprung:
- Seitliche Knochenvorwölbung Oberarmknochen, seitliches Speichenband und Speichenringband

Ansatz:
- Vorderflache Speiche

Funktion:
- Auswärtsdrehung Unterarm

Der **Musculus biceps brachii** (zweiköpfiger Oberarmmuskel) hat einen inneren kurzen Kopf (**Caput breve**) und äußeren langen Kopf (**Caput longum**). Der kurze Kopf verläuft vom Rabenschnabelfortsatz des Schulterblatts (**Processus coracoideus scapulae**) an die Sehnenplatte (**Aponeurosis musculi bicipitis brachii**, veraltet Syn. **Lacertus fibrosus**) der Elle (**Ulna**). Der lange Kopf entspringt einem kleinen Höcker oberhalb der Gelenkpfanne des Schulterblatts (**Tuberculum supraglenoidale** der **Scapula**) und endet an der Ansatzsehne der Speiche (**Tuberositas radii**).

Die Funktion des Bizeps ist die Unterarmbeugung im Ellenbogengelenk, die Auswärtsdrehung (Supination) der Hand bzw. des Unterarms, sowie das Anheben des Arms im Schultergelenk nach vorne (Anteversion) und die Fixierung des Oberarmkopfes.

Abgesehen von seiner Hauptfunktion als Beuger ist er zusätzlich, bei rechtwinklig gebeugtem Ellenbogen, der stärkste Auswärtsdreher (Supinator) des Unterarms, seine supinatorische Funktion nimmt mit steigender Beugung zu.

Hinweis:
- Der Bizepsmuskel läuft über 2 Gelenke, Schulter- und Ellenbogengelenk, und kann durch seine Verkürzungen des Alltags langfristig gleich beide Gelenke schädigen!
- Die Bizeps-Köpfe können je nach Übung unterschiedlich beansprucht werden. Das Training dieses Muskels sollte immer sauber, ohne Schwung oder Reißen stattfinden, um die empfindlichen Sehnen nicht zu reizen.

Ursprung:
- kurzer Kopf: Rabenschnabelfortsatz des Schulterblatts
- Langer Kopf: Schulterblatthöcker

Ansatz:
- Kurzer Kopf: Sehnenplatte der Elle
- Langer Kopf: Ansatzsehne Speiche

Funktion:
- Ellenbogenbeugen, Auswärtsdrehung Hand/ Unterarm, Armheben im Schultergelenk, Fixierung des Oberarmkopfes.

Der **Musculus brachioradialis** (Oberarmspeichenmuskel) verläuft seitlich, weiter von der Körpermitte entfernt (distal) am Oberarmknochen (**Humerus**), sowie an der bindegewebigen Muskelhaut (Fazienschicht) seitlich (lateral) des Oberarms (**Septum intermusculare brachii laterale**). Sein Ansatz ist ein länglicher, griffelförmiger Knochenfortsatz der Speiche (**Processus styloideus radii**).

Er bewirkt eine geringe Beugung (Flexion) im Ellbogengelenk, vor allem bei einwärts gedrehtem Unterarm, sowie eine Auswärtsdrehung (Supination) oder Einwärtsdrehung (Pronation!) des Unterarms, die abhängig von der Stellung des Unterarms ist.

Ursprung:
- Äußerer Rand Oberarmknochen

Ansatz:
- Griffelförmiger Knochenfortsatz Speiche

Funktion:
- Leichte Beugung, Einwärts oder Auswärtsdrehung Unterarm

In leichter Unterstützung sind noch der **M. abductor pollicis longus** (langer Daumenspreizer), **M. extensor pollicis longus** (langer Daumenstrecker) sowie **M. extensor indicis** (Zeigefingerstrecker) an der Außenrotation des Unterarms beteiligt.

Pronatoren

An der Einwärtsdrehung (Pronation) des Unterarms sind folgende Muskeln beteiligt:

Musculus pronator teres (runder Einwärtsdreher) hat zwei Muskelköpfe: einmal den Oberarmkopf (**Caput humerale**) und den Ellenkopf (**Caput ulnare**). Der Oberarmkopf verläuft von einer Knochenvorwölbung (**Epicondylus medialis humeri**) die auf der inneren (medialen) Seite des Oberarmknochens (**Humerus**) liegt, sowie an der Unterarmfaszie (**Fascia antebrachii**). Der Ellenkopf hat seinen Ursprung am Kronenfortsatz, ein dreieckartiger Knochenvorsprung der Elle (**Processus coronoideus**). Sein Ansatz befindet sich im mittleren Drittel der Speichen-Fläche (**Facies lateralis radii**) am vorderen Knochenrand (**Margo anterior**).

Hauptfunktion ist die Einwärtsdrehung des Unterarms (Pronation). Zusammen mit den anderen Unterarmbeugern übernimmt er die Beugung (Flexion) im Ellbogengelenk.

Ursprung:
- Oberarmkopf: Knochenvorwölbung an der Innenseite Oberarmknochen und Unterarmfaszie
- Ellenkopf: Kronenfortsatz Elle

Ansatz:
- Mitte Außenseite der Speiche

Funktion:
- Einwärtsdrehung Unterarm, Mitspieler bei Beugung Ellbogengelenk

Musculus pronator quadratus (viereckiger Einwärtsdreher) verläuft vom vorderen (distal) Knochenrand (**Margo anterior**) des ersten Viertels der Elle. Sein Ansatz befindet am vorderen (distal) Knochenrand des ersten Viertels der Speiche.

Er ist neben dem **Pronator teres** der wichtigste Einwärtsdreher (Pronator) des Unterarms.

Ursprung:
- Vorderfläche Elle

Ansatz:
- Vorderfläche Speiche

Funktion:
- Einwärtsdrehung Unterarm

Musculus brachioradialis (Oberarmspeichenmuskel) siehe oben: Supinatoren.

Musculus anconeus (Ellbogenhöckermuskel) ist von der Funktion eng mit dem **M. Triceps brachii** verbunden. Er verläuft vom seitlichen Knochenvorsprung (**Epicondylus lateralis**) des Oberarmknochens (**Humerus**). Manche Fasern gehen auch vom seitlichen Ellenband (**Ligamentum collaterale ulnare**) sowie von der Gelenkkapsel des Ellbogengelenks (**Articulatio cubiti**) ab.

Sein Ansatz ist seitlich am Hakenfortsatz (**Olecranon**) und das nahe zur Körpermitte (proximal) gelegene Viertel der hinteren (posterioren) Seite des Ellenschaftes (**Ulna**).

Er unterstützt leicht den **M. triceps brachii** beim Strecken (Extension) des Ellbogengelenks. Außerdem ist er an der Einwärtsdrehung (Pronation) des Unterarms beteiligt.

Weitere Aufgabe:
- Kapselspanner, verhindert damit das Einklemmen von Kapselgewebe im Ellbogengelenk.

Ursprung:
- Knochenvorsprung am Oberarmknochen

Ansatz:
- Hakenfortsatz der Elle

Funktion:
- Leichte Ellbogenstreckung, Einwärtsdrehung Unterarm, Kapselspanner

Außenrotatoren Unter- /Oberarm, stehend

- **TR** steht stabil, den rechten Arm horizontal nach vorne gestreckt und nach innen rotiert. **AN** stellt sich vor den rechten Arm, gibt dem **TR** den **PowerBambus** ohne Polster mittig zu greifen.
- **TR** dreht/rotiert mit **PowerBambus** seinen gesamten Arm maximal nach innen – Ausgangsstellung der Übung.
- **AN** greift mit beiden Händen weiter außen den **PowerBambus** und gibt diesem einen leichten Druck um die eigene Achse in Richtung Innenrotation.
- **TR** dreht nun langsam gegen den Druck des **AN,** erst seinen Unterarm bis zum Ende, dann den Oberarm in die maximale Außenrotation.
- In Endstellung angekommen, hält der **AN** weiterhin die Rotationskraft in Richtung Innenrotation, gegen die der **TR** erst seinen Unterarm bis zum Ende dann, den Oberarm nach innen rotiert.

Hinweis:
- Es ist ein wenig Übung nötig, den Unterarm und Oberarm unabhängig voneinander rotieren zu lassen!

Details Unterarmrotatoren

- **Zielmuskulatur:** M. supinator (Auswärtsdreher), M. biceps brachii (Zweiköpfige)
- **Mitbeanspruchte Muskulatur:** M. brachioradialis (Oberarmspeichenmuskel) – abhängig von der Stellung des Arms!, M. abductor pollicis longus (langer Daumenspreizer), M. extensor pollicis longus (langer Daumenstrecker), M. extensor indicis (Zeigefingerstrecker)

Details Oberarmrotatoren
- **Zielmuskulatur:** M. infraspinatus (Unterschulterblattmuskel)
- **Mitbeanspruchte Muskulatur:** M. teres minor (kleiner Rundmuskel), M. supraspinatus (Obergrätenmuskel), M. delta pars spinalis (hinterer Grätenteil des Deltamuskels)

Schwierigkeitsgrad:
- schwer (Profi)

Innenrotatoren Unter- /Oberarm, stehend

- **TR** steht stabil, den rechten Arm horizontal nach vorne gestreckt und nach außen rotiert. **AN** stellt sich vor den rechten Arm, gibt dem **TR** den **PowerBambus** ohne Polster mittig zu greifen.
- **TR** dreht/rotiert mit **PowerBambus** seinen gesamten Arm maximal nach außen – Ausgangsstellung der Übung.
- **AN** greift mit beiden Händen weiter außen den **PowerBambus** und gibt diesem einen leichten Druck um die eigene Achse in Richtung Außenrotation.
- **TR** dreht nun langsam gegen das Gewicht des **AN**, erst seinen Unterarm bis zum Ende, dann den Oberarm in die maximale Innenrotation.
- In Endstellung angekommen, hält der **AN** weiterhin die Rotationskraft in Richtung Außenrotation, gegen die der **TR** erst seinen Unterarm bis zum Ende, dann den Oberarm nach außen rotiert.

Hinweis:

- Es ist ein wenig Übung nötig, den Unterarm und Oberarm unabhängig von einander rotieren zu lassen!

Details Unterarmrotation

- **Zielmuskulatur: M. pronator quadratus** (viereckiger Einwärtsdreher), **M. pronator teres** (runder Einwärtsdreher)
- **Mitbeanspruchte Muskulatur: M. brachioradialis** (Oberarmspeichenmuskel) – abhängig von der Stellung des Arms!

Details Oberarmrotation

- **Zielmuskulatur: M. subscapularis** (Unterschulterblattmuskel), **M. teres major** (großer Rundmuskel)
- **Mitbeanspruchte Muskulatur: M. deltoideus pars clavicularis** (Schlüsselbeinteil des Deltamuskels), **M. coracobrachialis** (Hakenarmmuskel), **M. latissimus dorsi** (breiter Rückenmuskel)

Schwierigkeitsgrad:

- schwer (Profi)

8. Brust

Der **Musculus pectoralis major** (großer Brustmuskel) bedeckt den gesamten vorderen Rippenbereich und besteht aus drei fächerförmig angeordneten Teilen:

- Schlüsselbeinteil (**Pars clavicularis**)
- Brustbein-Rippen-Teil (**Pars sternocostalis**)
- Bauchteil (**Pars abdominalis**)

Die Ursprünge der drei Bereiche sind:

- innere Hälfte des Schlüsselbeins (mediale Hälfte der **Clavicula**, auf der gleichen Seite gelegener, oberer und mittlerer Brustbeinrand des Handgriffs (ipsilateraler Rand des Brustbeins **Manubrium sterni** und Brustbeinkörpers (**Corpus sterni**), sowie an den Knorpeln (**Cartilagines**) der 2. bis 6., manchmal auch 7. Rippe (**Costa**) und am vorderen Blatt der Sehnenplatte (**Aponeurose**) des geraden Bauchmuskels (**M. abdominis**).
- Der Ansatzpunkt (Insertion) des Brustmuskels ist an der hervorstehenden Leiste (prominente **Crista tuberculi majoris**) des inneren seitlichen Vorsprungs des Oberarmknochens (lateraler **Tuberculum majus humeri**), dort überschneiden sich auch die Fasern der einzelnen drei Teile. Die Fasern, die von ganz unten kommen, setzen weiter oben am Oberarm an, als die vom Schlüsselbein kommenden Fasern. Daraus bilden sich zwei Schichten (**Laminae**), die verdreht aussehen. Je weiter der Arm angehoben wird, desto mehr löst sich die Verdrehung, diese Schichten bilden auch die vordere Begrenzung der Achselhöhle.

Hauptaufgaben des **Musculus pectoralis major** sind
1. Heranziehen des Arms zum Körper (Adduktion),
2. Innendrehung (Innenrotation) des Oberarms und
3. Nachvorneziehen des Arms (Anteversion) im Schultergelenk (**Articulatio humeri**).

Bei aufgestützten (fixierten) Armen auf den Oberschenkeln (Kutschersitz oder Droschkenkutscherhaltung) ist er zusammen mit dem kleinen Brustmuskel (**M. pectoralis minor**) der stärkste Atemhilfsmuskel beim Einatmen (Inspiration).

Ursprung:
- Schlüsselbein, Brustbein, Knorpel der oberen sechs Rippen

Ansatz:
- Oberarmknochen

Funktion:
- Heranziehen, Einwärtsdrehen und Nachvorneziehen des Arms, Atemhilfsmuskel bei Kutschersitz

Der **Musculus pectoralis minor** (kleiner Brustmuskel) liegt unterhalb des großen Brustmuskels. Er hat eine dünne, dreieckige Form mit Ecke 1) oben (cranial) am Rabenschnabelfortsatz (**Processus coracoideus**) des Schulterblatts (**Scapula**), Ecke 2) innen (ventral) an der dritten Rippe (**Costa**), und Ecke 3) außen seitlich (lateral) an der fünften Rippe. Er verbindet als Teil der äußeren Brustmuskeln den bauchseitigen (ventralen) Schultergürtel (**Cingulum membri thoracici**) mit dem Rumpf (**Torso**).

Sein Ursprung verläuft von der 3. bis 5. Rippe zum Ansatz am Rabenschnabelfortsatz.

Zu seinen Aufgaben gehört das Ziehen der Schulter nach schräg innen vorne unten (medial, ventral, kaudal).

Er ist ein Atemhilfsmuskel bei aufgestützten (fixierten) Armen auf den Oberschenkeln (Kutschersitz oder Droschkenkutscherhaltung) zusammen mit dem großen Brustmuskel (**M. pectoralis major**).

Ursprung:
- 3. bis 5. Rippe

Ansatz:
- Rabenschnabelfortsatz

Funktion:
- Ziehen der Schulter nach schräg innen vorne unten, Atemhilfsmuskel bei Kutschersitz

Bankdrücken schräg nach oben, Rückenlage

- **TR** liegt auf dem Rücken, Beine sind aufgestellt, **PowerBambus** ist überschulterbreit gegriffen, Oberarme liegen eng neben dem Körper am Boden und das Polster liegt unterhalb der Schlüsselbeinregion mittig auf dem Brustkorb auf.
- In dieser Ausgangstellung, positioniert sich der **AN** im Kniestand vor die Kopfseite des **TR** und greift den **PowerBambus** entweder innen oder außen neben den Händen des **TR**.
- Mit erstmal weniger Gewicht und im Winkel von ca. 45 bis 60 Grad, drückt der **AN** den **PowerBambus** schräg von oben auf die Brust des **TR** zu.
- **TR** streckt nun langsam gegen das Gewicht des **AN** seine Arme im vorgegeben Winkel nach oben.
- Kurz vor der Streckung angekommen, drückt der **AN** weiterhin in die entgegengesetzte Richtung des **TR,** der unter einem vielleicht neu vereinbarten Gewicht seine Arme langsam wieder in die Ausgangsstellung beugt.
- **AN** und **TR** kommunizieren auf dem gesamten Weg der Kräftigung ständig miteinander über Gewicht, Positionseinstellungen und andere wichtige Infos zur Ausführung.

Hinweise:
- Arme nicht ganz durchstrecken, um die Muskelspannung zu erhalten und die Ellbogengelenke zu schonen.
- Beim Strecken der Unterarme mit nach außen gerichteten Ellbogen ausatmen und beim Beugen einatmen.
- Kopf während der Übung nicht nach hinten überstrecken.
- Um den unteren Rücken bei dieser Übung zu entlasten, bitte nicht ins Hohlkreuz gehen.

Im **AEROLETIC PowerBambus**-Krafttraining werden die Übungen vorzugsweise ohne Hilfsmittel ausgeführt. Wenn diese Form am Boden/Matte stattfindet, können die Arme nicht tiefer als der Körper nach unten bewegt werden. Um diese Übung optimal auszuführen, sollte den Armen und somit der Brustmuskulatur noch mehr Weg gegeben werden, z. B. auf einer Bank, Baumstamm etc., oder auch mit einer dicken zusammengerollten Matte, die längs unter den Rücken gelegt wird.

Mythos:
Das schräge Bankdrücken hat keine festigende Wirkung auf den Busen der Frau. Somit hat diese Übung auch keinen Einfluss auf die Neigung zur Erschlaffung des Busens, da jener aus Binde- und Drüsengewebe besteht.

Details:
- **Zielmuskulatur: M. pectoralis major pars clavicularis** (großer Brustmuskel, überwiegend Schlüsselbeinfasern)
- **Mitbeanspruchte Muskulatur: M. deltoideus** (vorderer Deltamuskel), **M. triceps brachii** (dreiköpfiger Oberarmmuskel), **M. serratus** (vorderer Sägemuskel), **M. pectoralis minor** (kleiner Brustmuskel)

Schwierigkeitsgrad:
- leicht (Anfänger)

Überzüge/ Pull-Over, PowerBambus senkrecht, Rückenlage

- **TR** liegt auf dem Rücken, Beine aufgestellt, Hände ineinander gelegt über dem Kopf, mit der Daumenseite zum abgelegten Kopf. **AN** steht über dem **TR**, zieht das Polster an den Anfang des **PowerBambus**, bis das Ende des **PowerBambus** mit dem Ende des Polsters abschließt und gibt dieses senkrecht von oben in die fest ineinander gelegten Hände des **TR**, der daraufhin seine zur einer Art Schüssel geformten Hände auf die Unterseite des **PowerBambus** mit dem Polster presst.
- Mit angemessenem und vorher vereinbartem Gewicht drückt nun der **AN** den **PowerBambus** gegen die Viertelkreis-Bewegung des **TR**, von hinter dem Kopf bis die Arme des **TR** senkrecht auf Brusthöhe sind, der **TR** bläst seinen Brustkorb so stark wie möglich auf und zieht/drückt mit leicht gebeugten Ellenbogen den **PowerBambus** gegen die Kraft des **AN** über den Kopf nach vorne auf die Senkrechte.
- In der Senkrechten angekommen, drückt der **AN** weiterhin in die entgegengesetzte Richtung des **TR**, der unter einem vielleicht neu vereinbarten Gewicht seine Arme langsam wieder in die Ausgangsstellung über den Kopf streckt.

Hinweis:
- Arme nicht ganz durchstrecken, um Muskelspannung zu erhalten und Ellbogengelenke zu schonen.
- Um den unteren Rücken bei dieser Übung zu entlasten, bitte während der gesamten Übung und Strecken der Arme neben den Kopf nicht ins Hohlkreuz gehen.
- Diese Übung weitet und flexibilisiert den Brustkorb durch tiefes Einatmen und weites Strecken der Arme.

Details:
- **Zielmuskulatur:** M. pectoralis major (großer Brustmuskel, alle drei Anteile)
- **Mitbeanspruchte Muskulatur:** M. latissimus dorsi (breiter Rückenmuskel), M. romboideus major/ minor (Rautenmuskeln),M. teres major (großer runder Armmuskel), M. triceps brachii (dreiköpfiger Armmuskel, langer Kopf), M. serratus (vorderer Sägemuskel), M. pectoralis minor (kleiner Brustmuskel)

Schwierigkeitsgrad:
- schwer (Profi)

9. Rücken

Der Rücken (**Dorsum**) ist der hintere Teil des Oberkörpers und wird von den hinteren Rippen, Wirbelsäule, Weichteile etc. und den nachfolgend beschriebenen Muskeln gebildet. Direkt neben der Wirbelsäule verlaufen die Rückenstrecker (**M. erector spinae**, „Aufrichter der Wirbelsäule"), die aus verschiedenen Muskeln bestehen (**M. spinalis**, **M. longissimus** und **M. iliocostalis**), aber zur Gruppe „Rückenstrecker" zusammengefasst werden, die das Aufrichten (Streckung), Drehen (Rotieren) und Seitneigen des Oberkörpers (Wirbelsäule) ermöglichen. Weiterhin kommen noch diejenigen Muskeln dazu, die der Kopf-, Oberarm-, Schulter- und Rippenbewegung dienen.

1. Die **primäre** oder **genuine (ursprüngliche) Rückenmuskulatur** sind die ortsständigen (autochthonen) Rückenmuskeln, die vor Ort gewachsen sind. Sie liegen direkt der Wirbelsäule auf und bilden den wichtigsten Bereich des aktiven Bewegungsapparats, da sie vor allem die Wirbelsäule aufrecht stabilisieren und in alle Richtungen bewegen.

Sie werden in einen a) mittleren (medialen) und b) seitlichen (lateralen) Trakt unterteilt. Die Ansteuerung (Innervation) geht von den hinteren Rückenästen (**Rami posteriores**) der Spinalnerven aus.

Der mediale Trakt erschließt sich zwischen den Dornfortsätzen (**Processi spinosi**) und den Querfortsätzen (**Processi transversi**) der Wirbelkörper. Er wird über die körpermittigen (medialen) Nervenäste der Spinalnerven angeregt. Unterschieden wird der mediale Trakt in ein spinales (wörtl. „dornförmiges") und ein transversospinales System (wörtl. „quer-über-Dornen").

Der laterale Trakt umfasst drei Bereiche: 1.) das **spinotransversale System** (wörtl. „schräg-von-Dornen-verlaufend"), d. h. die Muskeln verlaufen von den Dornfortsätzen (der oberen Brustwirbelsäule/ BWS und unteren HWS) nach oben zu den Querfortsätzen der oberen Halswirbel sowie seitlich (lateral) zum Hinterhaupt, 2.) **Sakrospinales System** (wörtl. „Kreuz-und-Dornen") und 3.) das **Intertransversale System** (wörtl. „Zwischenquerfortsatz").

2. Die **sekundären Rückenmuskeln** sind auf den Rücken eingewandert und liegen über den primären. Sie sind entwicklungsgeschichtlich verschiedener Herkunft: der Armmuskulatur, Schultermuskulatur und der Bronchialmuskulatur. Normalerweise werden sie durch die vorderen Rückenäste (**Rami anteriores**) der Spinalnerven angeregt.

Lat-Ziehen hinter den Nacken, Bauchlage

- **TR** liegt auf dem Bauch, Kopf auf der Stirn abgelegt, die Beine sind entweder gestreckt am Boden oder die Unterschenkel überkreuzt und senkrecht gehalten.
- **AN** setzt sich an der Kopfseite vor den **TR** und stellt seine Füße (ohne Schuhe oder mit sehr weichen Schuhen – Five Fingers) leicht innen auf die Schultern des **TR** (Beine gestreckt am Boden).
- **AN** gibt dem **TR** den **PowerBambus** so zu greifen, dass die Ellenbogen im 90° Winkel stehen und die Arme auf der Höhe des Rückens gehalten sind (horizontal).
- In dieser Stellung zieht der **AN** die Arme des **TR** horizontal bis fast in die Streckung – in die Ausgangstellung dieser Übung.
- **TR** zieht gegen die Kraft des **AN** den **PowerBambus** hinter den Kopf zum Nacken.
- Am Nacken angekommen, streckt der **TR** langsam seine Arme gegen den Zug des **AN** zurück in die Ausgangstellung.

ACHTUNG!
- Bei Schulterproblemen kann das Lat-Ziehen hinter den Nacken durch die weit nach hinten gezogene Armstellung Schmerzen auslösen. In solch einem Fall die nächste Übung machen.

Hinweis:
- Die Arme nicht ganz durchstrecken, um die Muskelspannung zu erhalten und die Ellenbogengelenke zu schonen.
- In dieser Übung werden mehr die äußeren und unteren Fasern des Latissimus trainiert
- Im Lat-Ziehen hinter den Nacken, Bauchlage, hat der **AN** einen so hervorragenden Hebel, dass er selbst sehr starke Partner mit ausreichend Gewicht bedienen kann.

Details:
- **Zielmuskulatur: M. latissimus dorsi** (breiter Rückenmuskel), **M. teres major** (großer Rundmuskel), **M. trapezius** (Kapuzen-/Kappenmuskel), **M. rhomboideus** (rautenförmiger Muskel)
- **Mitbeanspruchte Muskulatur: M. biceps brachii** (zweiköpfig), **M. brachioradialis** (Oberarmspeichenmuskel), **M. brachialis** (Oberarmmuskel) , **M. erector spinae** (Rückenstrecker)

Schwierigkeitsgrad:
- **mittel (Fortgeschrittener)**

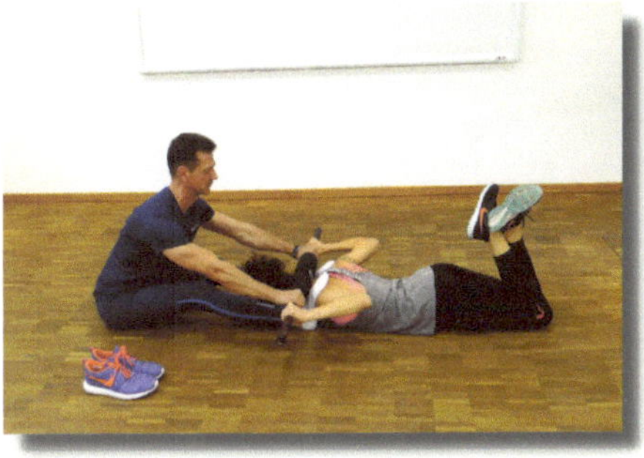

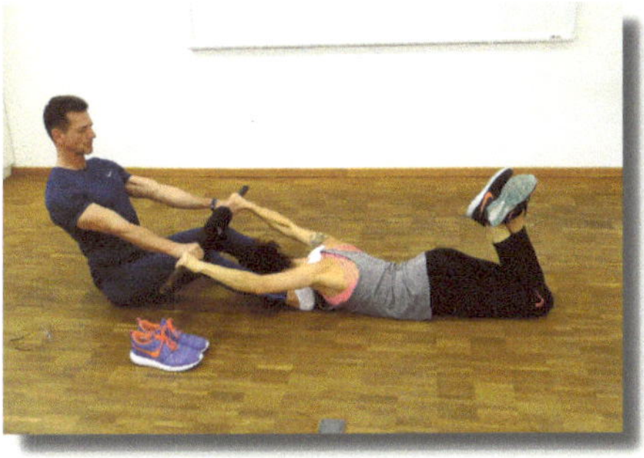

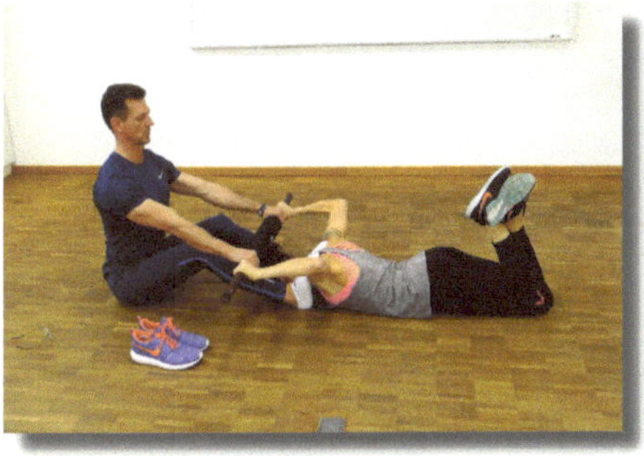

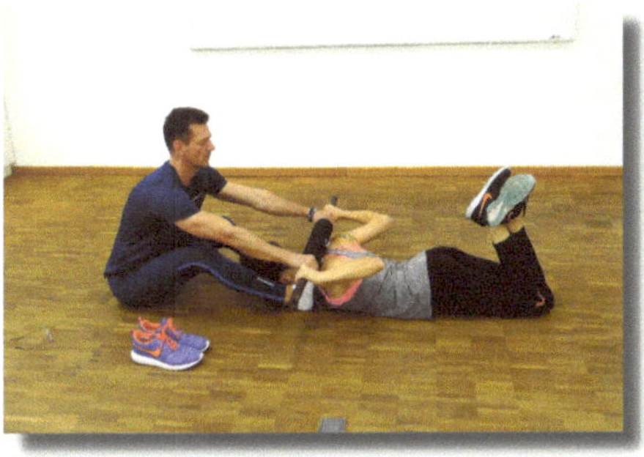

Raum für Notizen zur Übung

Rudern, sitzend

- AN befindet sich im Schneidersitz, gegenüber der TR, der seine Füße auf die Knie des AN stellt.
- AN greift den **PowerBambus** so, dass die Ellenbogen ca. im 90° Winkel stehen und die Hände auf Brusthöhe.
- TR greift den **PowerBambus** innen, neben den Händen des AN und zieht diesen auf Brusthöhe soweit zu sich, dass die Arme des AN fast gestreckt sind – in die Ausgangsstellung dieser Übung.
- AN zieht mit geradem Rücken gegen die Kraft des TR, bis an die Unterkante seiner Brust.
- Vor der Brust angekommen, hält der TR weiterhin den Gegenzug, gegen den der AN seine Arme langsam wieder streckt.

Hinweis:
- Arme nicht ganz durchstrecken, um die Muskelspannung zu erhalten und die Ellenbogengelenke zu schonen.

Details:
- **Zielmuskulatur:** M. latissimus dorsi (breiter Rückenmuskel), M. trapezius (Kapuzen-/Kappenmuskel), M. teres major (großer Rundmuskel), M. rhomboideus major und minor (gr./kl. Rautenmuskel), M. deltoideus pars spinalis (Grätenteil/hinterer Anteil)
- **Mitbeanspruchte Muskulatur:** M. brachialis (Oberarmmuskel, M. brachioradialis (Oberarmspeichenmuskel), M. biceps brachii (zweiköpfiger Armbeuger), M. infraspinatus (Untergrätenmuskel), Unterarm Flexoren (Unterarmbeuger)

Schwierigkeitsgrad:
- mittel (Fortgeschrittener)

Rückenstrecken nach oben und seitlicher Schwenk, Bauchlage

- **TR** liegt in Bauchlage, **AN** kniet im Einbein-Kniestand darüber, legt dem **TR** den **PowerBambus** mittig in den Nacken und läßt ihn beide Unterarme darauf legen.
- **TR** hebt den Oberkörper maximal nach oben, während der **AN** mit dem vereinbarten Widerstand langsam dagegen drückt.
- Am höchsten Punkt dreht der **TR** den Oberkörper zur rechten Seite, gegen den Widerstand des **AN,** welcher den **PowerBambus** mit beiden Händen von aussen hält.
- An der seitlichsten Position rechts angekommen, zieht der **AN** den **PowerBambus** an der linken Gegenseite zu sich und dreht damit den **TR** bis zur Position ganz nach links.
- Während der gesamten Übung hält der **TR** den Oberkörper in der maximal höchsten Stellung.

Hinweis:
- Diese Übung bitte langsam und vorsichtig ausführen, um den Rücken (Wirbelsäule) sanft an die Kräfte zu gewöhnen.
- Anfänger sollten erst eine Zeitlang ggfs. Übungen aus anderen Booklets trainieren, damit langsam die entsprechende Kraft aufgebaut wird, um diese Profi-Übung korrekt und sicher ausführen zu können. Wir haben diese Übung trotzdem schon hier aufgenommen, damit auch die Profis hier auf ihre Kosten kommen :-)

Details:
- **Zielmuskulatur:** M. erector spinae (Rückenstrecker), M. obliquus externus abdominis (äußerer schräger Bauchmuskel), M. obliquus internus abdominis (innerer schräger Bauchmuskel), M. transversus abdominis (querer Bauchmuskel), M. quadratus lumborum (quadratischer Lendenmuskel)
- **Mitbeanspruchte Muskulatur:** M. gluteaus (großer Gesäßmuskel)

Schwierigkeitsgrad:
- schwer (Profi)

10. Bauch, Rumpf

Die Bauchmuskulatur wird in die oberflächliche und tiefe Bauchmuskulatur unterteilt. Die oberflächliche Bauchmuskulatur liegt ventral der Bauchhöhle der Rumpfwand außen an. Die tiefe Bauchmuskulatur ist vor der Wirbelsäule lokalisiert.

Oberflächliche Bauchmuskulatur

Die oberflächliche Bauchmuskulatur (auch: „Bauchwandmuskulatur") wird darüber hinaus in eine seitliche und eine vordere Muskelgruppe unterteilt.

Seitliche Bauchmuskulatur

Äußerer schräger Bauchmuskel (**Musculus obliquus externus abdominis**)
Innerer schräger Bauchmuskel (**Musculus obliquus internus abdominis**)
Querer Bauchmuskel (**Musculus transversus abdominis**)

Vordere bzw. mittlere Bauchmuskulatur

Gerader Bauchmuskel (**Musculus rectus abdominis**)
Pyramidenmuskel (**Musculus pyramidalis**)

Tiefe Bauchmuskulatur

Quadratischer Lendenmuskel (**Musculus quadratus lumborum**)
Hüftbeugermuskel (**Musculus iliopsoas**)

Hinweis:
* Der **Musculus iliopsoas** wird nicht von allen Autoren zur Bauchmuskulatur gerechnet.

Kniesitz-Situps mit Seitschwenk, Rückenlage

* **TR** liegt mit aufgestellten Füßen auf dem Rücken, **AN** nimmt das Pad vom **PowerBambus**, stülpt es über die Knie, um sich darauf zu setzen und hält dem **TR** den **PowerBambus** mit beiden Händen hin.
* **TR** greift mit gestrecktem Arm den **PowerBambus** in Schulterbreite und kommt mit dem Oberkörper maximal nach oben, gegebenenfalls mit Unterstützung des **AN**.
* **TR** hält am obersten Punkt die Bauchmuskelspannung und wird vom **AN** mit dem vereinbarten Druck langsam auf eine Seite gezogen und seitlich wieder zum Boden gedrückt.

* Wiederholungen drehen in verschiedenen Winkeln seitlich und setzen immer wieder neue Reize.
* Während der Wiederholungen den Oberkörper nicht komplett am Boden ablegen.
* Am Schluss berührt der **TR** zuerst mit der Lendenwirbelsäule (LWS) den Boden und rollt dann über Brust- und Halswirbelsäule ab, bis der Kopf aufliegt.

ACHTUNG!
* Diese Übung immer nur mit rundem Rücken ausführen (eingerollte Wirbelsäule). Wenn der Rücken gerade gehalten wird, werden die geraden und die schrägen Bauchmuskeln nicht mit angespannt. Dies hat zur Folge, dass die starken Hüftbeuger die Krümmung der Lendenwirbelsäule nach vorne (Lordose) deutlich verstärken, so dass die Bandscheiben nach vorne gedrückt werden. Das kann zu Schäden an den Wirbelgelenken, „Hexenschuss" oder einem Ischiassyndrom (Schmerz mit Ausstrahlung ins Bein) führen.

Hinweis:
* Bevor das Pad auf die Knie gelegt wird, Klettverschluss sauber ins Pad drücken, sonst kann die Haut gereizt oder der Stoff der Hose beschädigt werden.
* **AN** und **TR** kommunizieren auf dem gesamten Weg der Kräftigung ständig miteinander über Gewicht, Positionseinstellungen und andere wichtige Infos zur Ausführung.
* Darauf achten, dass stetig ein- und ausgeatmet wird, nie die Luft angehalten oder gepresst wird.
* Nicht den Oberkörper während der Wiederholungen komplett am Boden ablegen, um eine Grundspannung der Bauchmuskeln zu halten.

Details:
* **Zielmuskulatur: M. rectus abdominis** (Gerader Bauchmuskel), **M. obliquus externus abdominis** (äußerer schräger Bauchmuskel), **M. obliquus internus abdominis** (innerer schräger Bauchmuskel), **M. transversus abdominis** (querer Bauchmuskel), **M. pyramidalis** (Pyramidenmuskel)

Schwierigkeitsgrad:
* **mittel (Fortgeschrittener)**

Rumpf-Rotation, sitzend Schneidersitz

- TR sitzt im Schneidersitz und aufrechtem Rücken auf dem Boden. AN positioniert sich im Einbein-Kniestand dahinter und legt den **PowerBambus** mit dem Pad mittig auf den Nacken des TR, der seine Handgelenke locker über den **PowerBambus** legt.
- TR beginnt mit mehreren lockeren Rotationen des Rumpfes in beide Richtungen, bevor er sich mit einer maximalen Rumpfdrehung zu einer Seite in die Ausgangstellung der Übung dreht.
- Ausgangsstellung ist die Maximalrotation zu einer Seite, dort angekommen, hält der AN den **PowerBambus** und der TR dreht sich gegen die vereinbarte Kraft bis zur maximalen Gegenposition.
- Mit höherer Anzahl der Wiederholungen und erwärmtem Gewebe kann der AN den **PowerBambus** über die aktiv erreichbare Position des TR hinaus in den passiven Bereich drehen und den Maximalpunkt/ die Ausgangsstellung mit zunehmender Flexibilisierung weiter außen beginnen.
- Zur Vermeidung einer Verkürzung der schrägen Bauchmuskeln sollte die Übung mit einer lockeren passiven Flexibilisierung durch den AN, d. h. Weiterdrehen des TR über die aktive Maximalstellung beendet werden.

Alternative Position:
- sitzend mit gestreckten oder aufgestellten Beinen
- auf einer Bank

Hinweise:
- Kräftigung langsam und kontrolliert auszuführen.
- Es kann auch mit Schwung geübt werden, um die Flexibilität des Rumpfes zu steigern. Dies geschieht ohne Partner, im Stehen oder sitzen. Dafür den **PowerBambus** in den Nacken legen, langsam mit dem Schwingen beginnen und den Radius immer mehr erweitern (siehe dazu auch **GeoYoga**: Oberkörper-Rotationen!)
- Man kann diese Kräftigung noch verstärken, indem man den Rücken während der Wiederholungen leicht rundet.
- Diese Übung sollte generell mehr für die Flexibilisierung und Kraftausdauer (wenig Gewicht und viele Wiederholungen über mehrere Minuten) des Rumpfes, Gewebe (Wirbelsäule) genutzt werden, anstatt zur Steigerung der Maximalkraft.
- Wird die rechte Schulter nach vorne geführt, trainiert dies überwiegend den rechten äußeren schrägen Bauchmuskel (**M. obliquus externus abdominis**) und in der Tiefe den linken inneren schrägen Bauchmuskel (**M. obliquus internus abdominis**).

Geringfügig sind auch der quadratische Lendenmuskel (**M. quadratus lumborum**), der gerade Bauchmuskel (**M. rectus abdominis**) und die Rückenstrecker (**M. erector spinae**) der linken Seite an der Übung beteiligt.

Details:
- **Zielmuskulatur: M. obliquus externus abdominis** (äußerer schräger Bauchmuskel), **M. obliquus internus abdominis** (innerer schräger Bauchmuskel), **M. transversus abdominis** (querer Bauchmuskel)
- **Mitbeanspruchte Muskulatur: M. levatores costarum breves** und **longi** (kurze und lange Rippenheber), **M. rotatores thoracis breves** und **longi** (kurze und lange Drehmuskeln), **M. rectus abdominis** (gerader Bauchmuskel), **M. quadratus lumborum** (quadratischer Lendenmuskel), **M. erector spinae** (Rückenstrecker)

Schwierigkeitsgrad:
- leicht (Anfänger)

11. Hüfte

Als Hüfte bezeichnet man die Region zwischen dem oberen Ende des Oberschenkelknochens (**Femur**) und dem oberen Rand des Beckenkamms (**Crista iliaca**). Zentral liegt das Hüftgelenk (**Articulatio coxae**), dieses ist nach dem Knie das zweitgrößte Gelenk im menschlichen Körper. Das Hüftgelenk ist ein Nussgelenk (**Articulatio cotylica**), eine Sonderform des Kugelgelenks (**Articulatio spheroidea**) und besteht aus Oberschenkelkopf (**Caput femoris**) und der Hüftpfanne (**Acetabulum**). Die Hüftpfanne wird gebildet aus Darmbein (**Os ilium**), dem Schambein (**Os pubis**) und dem Sitzbein (**Os ischii**). Um die unterschiedlichen Positionen des Oberschenkels zu ermöglichen, umgibt eine Vielzahl von Muskeln das Hüftgelenk. Die Hauptfunktionen der Hüftmuskeln sind Streckung (Extension), Beugung (Flexion), Heranführen (Adduktion), Abspreizen (Abduktion), Aus- und Einwärtsdrehung (Innen- und Aussen-Rotationen).

Innere Hüftmuskulatur

Hüftbeuger (**Musculus iliopsoas** und **Musculus iliacus** sowie **Musculus psoas major** und **Musculus psoas minor** (inkonstant))

Äußere Hüftmuskulatur

Großer Gesäßmuskel (**Musculus gluteus maximus**), mittlerer Gesäßmuskel (**Musculus gluteus medius**), kleiner Gesäßmuskel (**Musculus gluteus minimus**), Oberschenkelbindenspanner (**Musculus tensor fasciae latae**)

Tiefe Hüftmuskulatur

Unterer Zwillingsmuskel (**Musculus gemellus inferior**), oberer Zwillingsmuskel (**Musculus gemellus superior**), innerer Hüftlochmuskel (**Musculus obturator internus**), äußerer Hüftlochmuskel (**Musculus obturator externus**, wird auch zu den Adduktoren gezählt), birnenförmiger Hüftmuskel (**Musculus piriformis**), viereckiger Schenkelmuskel (**Musculus quadratus femoris**, wird auch zu den Adduktoren gezählt)

Adduktorengruppe

Großer Schenkelheranzieher (**Musculus adductor magnus**), kleiner Schenkelheranzieher (**Musculus adductor minimus**), langer Schenkelheranzieher (**Musculus adductor longus**), kurzer Schenkelheranzieher (**Musculus adductor brevis**), schlanker Schenkelmuskel (**Musculus gracilis**), Kammmuskel (**Musculus pectineus**)

Hüftbeuger, Knie zur Brust führen, einbeinig, Rückenlage

- **TR** liegt auf dem Rücken, ein Fuß aufgestellt, das andere Bein ist gestreckt mit den Zehen nach oben und der Ferse kurz über dem Boden, die Arme liegen seitlich neben dem Oberkörper in ca 30° abgestützt. **AN** kniet unterhalb des gestreckten Beins in stabiler Hocke mit nach vorn gestrecktem Bein (um jederzeit nach vorn aufstehen zu können) und setzt das Pad mittig auf den Fußrücken des **TR**.
- **TR** zieht Fuß und Knie gegen das Gewicht des **AN** im Halbkreis maximal ran, wenn möglich bis zur Brust.
- Am höchsten Punkt hält der **TR** das Knie so lange wie möglich, während der **AN** den **PowerBambus** langsam gegen den Widerstand wieder nach unten zieht, bis das Bein gestreckt ist und die Ferse fast am Boden ankommt.
- Beim Richtungswechsel unten hält der **AN** und der **TR** zieht wieder das Knie zur Brust.

Hinweise:
- **AN** und **TR** kommunizieren auf dem gesamten Weg der Kräftigung ständig miteinander über Gewicht, Positionseinstellungen und andere wichtige Infos zur Ausführung (wie bei allen Übungen).
- Wichtig ist ein stabiler Stand des **AN**, um während der gesamten Übung ein gleichmäßiges Gewicht zu ermöglichen.
- Diese Übung trainiert eine Vielfalt von Muskeln, die während des statischen Sitzens des Alltags nur zur Verkürzung neigen. Durch die komplette Bewegung werden sie sowohl gestärkt, als auch mobilisiert und flexibilisiert.
- Hier wird das Pad auf den Fußrücken gesetzt, was im Unterschied zur Übung 092 (siehe Booklet 2) noch den Fußheber und die Zehenstrecker isometrisch fordert.

Details:
- **Zielmuskulatur:** M. iliopsoas (M. psoas major und M. iliacus) (Hüftbeuger), M. quadriceps femoris (4-köpfiger Oberschenkelstrecker), M. sartorius (Schneidermuskel)
- **Mitbeanspruchte Muskulatur:** M. pectineus (Kammmuskel), M. adductor longus (langer Schenkelheranzieher), M. adductor brevis (kurzer Schenkelheranzieher), M. gracilis (schlanker Schenkelmuskel), M. glutaeus medius (mittlerer Gesäßmuskel), M. glutaeus minimus (kleiner Gesäßmuskel), M. tensor fascia latae (Oberschenkelbindenspanner), M. tibialis anterior (vorderer Schienbeinmuskel – Fußheber), M. extensor digi-

torum longus (langer Zehenstrecker), **M. extensor hallucis longus** (langer Großzehenstrecker)

Schwierigkeitsgrad:
- leicht (Anfänger)

12. Gesäß

Als Gesäß (**Regio glutea**) bezeichnet man die hintere untere Rumpfregion mit zwei halbkugelförmigen Gesäßbacken aus Muskeln und Fettpolstern, getrennt von der Analrinne (**Crena ani**). Der Skelettunterbau besteht aus Darmbeinkamm (**Ala ossis ilii**), Rückseite von Kreuzbein (**Os sacrum**) und Steißbein (**Os coccygis**) sowie den Sitzbeinen (**Os ischii**). Die Gesäßmuskeln sind **Musculus gluteus maximus, medius** und **minimus**. Der **M. gluteus maximus** ist nach dem Kaumuskel (**M. masseter**) der zweitstärkste Skelettmuskel des Körpers. Die zwischen Muskeln und Haut befindlichen Fettpolster erlauben auch längeres Sitzen und sind nach dem Bauch die zweitgrößten des Körpers.

Hauptfunktionen des **M. gluteus maximus** sind Streckung und Stabilisierung des Oberschenkels, weiterhin bewirkt er die Auswärtsdrehung (Rotation).

Die oberen Anteile des **M. gluteus maximus** unterstützen die kleinen Gesäßmuskeln (**M. gluteus medius** und **M. gluteus minimus**) bei der Abspreizung (Abduktion) des Oberschenkels. Die unteren Anteile des **M. gluteus maximus** hingegen unterstützen die Heranführung (Adduktion).

Gesäßmuskulatur

Großer Gesäßmuskel (**Musculus gluteus maximus**), mittlerer Gesäßmuskel (**Musculus gluteus medius**), kleiner Gesäßmuskel (**Musculus gluteus minimus**)

Beinheben, Knie 90°, Vierfüßlerstand

- **TR** kniet im Vierfüßlerstand, hebt das rechte Bein nach hinten, bis im Knie zwischen Ober- und Unterschenkel 90° entstehen und Oberschenkel sowie Fußfläche waagerecht sind. **AN** legt das Pad mittig auf die Fußfläche und lehnt sich leicht mit etwas Gewicht auf. **TR** schiebt den Fuß gegen das Gewicht hoch in diese maximale Ausgangsstellung.
- Vom höchsten Punkt drückt der **AN** den **PowerBambus** bzw. Fuß zuerst senkrecht nach unten, dann kreisförmig um das Hüftgelenk, sobald der Fuß des **TR** ca. auf Brusthöhe ist. Der unterste Punkt ist erreicht, wenn der **PowerBambus** die Kniekehle des anderen Beines erreicht.

Hinweise:

- Wichtig ist die Fußspitze anzuziehen (Fuß gestreckt halten) und die Übung mit der Ferse auszuführen. Wird der Fuß nicht richtig gestreckt, sind die Waden stärker beansprucht, was den Trainingserfolg für Gesäß und Beinbeuger schmälert.
- Den Fuß nur soweit senkrecht nach oben drücken, bis der Oberschenkel leicht über der horizontalen Linie des Rückens steht, um die Lendenwirbelsäule zu schonen.
- In der Ausgangsstellung befindet sich der Unterschenkel 90° zum Rücken.

Details:

- **Zielmuskulatur: M. glutaeus maximus** (großer Gesäßmuskel), **M. biceps femoris** (Beinbizeps), **M. semimembranosus** (Plattsehnenmuskel), **M. semitendinosus** (Halbsehnenmuskel)
- **Mitbeanspruchte Muskulatur: M. gastrocnemius** (Zwillingswadenmuskel)

Schwierigkeitsgrad:

- **mittel (Fortgeschrittener)**

13. Beine

Der Oberschenkelknochen dient einer ganzen Reihe von Muskeln als Ursprungs- bzw. Ansatzpunkt, zum Beispiel den äußeren Hüftmuskeln und der Unterschenkelmuskulatur. Die eigentliche fleischige Masse des Oberschenkels bilden jedoch die Oberschenkelmuskeln, die in drei Gruppen eingeteilt werden können:

Oberschenkelextensoren

M. quadriceps femoris (lat. für „vierköpfiger Oberschenkelmuskel" oder „vierköpfiger Oberschenkelstrecker"), **M. sartorius** (lat. für „Schneidermuskel")

Oberschenkelflexoren

M. biceps femoris (lat. für „zweiköpfiger Muskel des Oberschenkels", auf Deutsch als „Schenkelbeuger" oder „Beinbeuger" bezeichnet), **M. semitendinosus** (lat. für „Halbsehnenmuskel"),
M. semimembranosus (halbmembranöser Muskel, Plattsehnenmuskel) (lat. für „kurzer Adduktor")

Oberschenkeladduktoren

M. pectineus (lat. für „Kammmuskel"), **M. adductor longus** (lat. für „langer Adduktor", langer Heranzieher), **M. adductor brevis** (lat. für „kurzer Adduktor", kurzer Heranzieher), **M. adductor magnus** (lat. für „großer Adduktor", großer Heranzieher), **M. gracilis** (lat. für „schlanker Muskel")

Die Unterschenkelmuskulatur lässt sich ontogenetisch und funktionell in zwei Gruppen gliedern: **Extensoren** und **Flexoren**.

Die **Extensoren** liegen an der vorderen und seitlichen Fläche des Unterschenkels und lassen sich nochmals untergliedern in:
- vordere Muskelgruppe, mit Innervation durch den **Nervus fibularis profundus**
- seitliche Muskelgruppe (Fibularisgruppe), mit Innervation durch den **Nervus fibularis superficialis**

Die **Flexoren** liegen auf der Rückfläche des Unterschenkels und werden durch ein tiefes Blatt der Unterschenkelfaszie (**Fascia cruris**) in oberflächliche und tiefe Flexoren geteilt.

Extensorenloge

M. tibialis anterior (lat. für „vorderer Schienbeinmuskel"), **M. extensor digitorum longus** (lat.: „langer Zehenstrecker"), **M. fibularis tertius** (lat. für „dritter Wadenbeinmuskel"),**M. extensor hallucis longus** (lat. für „langer Großzehenstrecker")

Flexorenloge

Die Flexorenloge des Unterschenkels wird in ihrer Gesamtheit auch als Wadenmuskulatur bezeichnet. Sie besteht aus:
M. triceps surae (lat. für „dreiköpfiger Wadenmuskel"), **M. gastrocnemius** („zweibäuchiger Wadenmuskel" oder Zwillingswadenmuskel), **M. soleus** (lat. für „Schollenmuskel"), **M. plantaris** (lat. für „Fußsohlenmuskel"), **M. tibialis posterior** (lat. für „hinterer Schienbeinmuskel"), **M. flexor hallucis longus** (lat. für „langer Großzehenbeuger"), **M. flexor digitorum longus** (lat. für „langer Zehenbeuger"), **M. popliteus** (lat. für „Kniekehlenmuskel") lat. für „langer Wadenbeinmuskel")

Fibularisloge

M. fibularis longus (lat. für „langer Wadenbeinmuskel"), **M. fibularis brevis** (lat. für „kurzer Wadenbeinmuskel")

Kniebeuge, Ausfallschritt tief

- **TR** steht stabil mit geradem Rücken im großen Ausfallschritt. Die hintere Ferse hebt ab, das hintere Knie ist leicht gebeugt. **AN** steht breitbeinig in Höhe der Kniekehle dahinter und legt den **PowerBambus** mit Pad mittig auf den Nacken. **TR** greift den **PowerBambus** überschulterbreit.
- **AN** lehnt sich, auf den Zehenspitzen stehend, leicht nach vorn und drückt den **PowerBambus** möglichst direkt von oben auf die Schultern.
- **TR** beugt langsam das vordere Knie, der maximale Tiefpunkt ist erreicht, wenn das hintere Knie knapp den Boden berührt. Höchster Punkt ist erreicht, kurz bevor das vordere Knie gestreckt wird.
- **AN** sollte darauf achten, dass während der ganzen Übung das Gewicht gleichmäßig von oben wirkt.

ACHTUNG:

- Dadurch, dass bei dieser Übung fast das gesamte Körpergewicht auf dem vorderen Bein ruht, ist es wichtig, mit wenig Gewicht zu beginnen, um das Kniegelenk langsam zu erwärmen bzw. zu schonen.
- Bitte darauf achten, dass die vordere Fußspitze vor oder höchstens auf gleicher Höhe mit dem Knie bleibt.
- Wird diese Kräftigung ohne stabilisierenden Partner ausgeführt, ist es noch viel wichtiger, mit wenig Gewicht zu beginnen, da ein guter Gleichgewichtssinn erforderlich ist, damit nicht zuviel Bewegung und Belastung im vorderen Knie auftritt.

Hinweise:

- Wenn das eigene Körpergewicht für das vordere Knie anfangs noch zuviel sein sollte, kann der Partner punktgenau entlasten.
- Anfänger sollten sich langsam an größere Ausfallschritte herantasten und genau in ihre Knie und Lendenbereiche reinfühlen.
- Je größer der Ausfallschritt, desto mehr wird der Gesäßmuskel des vorderen Beins trainiert.
- Je größer der Ausfallschritt, desto mehr werden am hinteren Bein Hüftbeuger, Quadriceps, Faszien etc. flexibilisiert, die sog. Hüft- / Lendenmuskeln.
- Je kleiner der Ausfallschritt, desto mehr wird der Quadriceps des vorderen Beins trainiert.
- Die Hüft-/ Lendenmuskeln am hinteren Bein werden durch einen kleineren Ausfallschritt weniger flexibilisiert.

Details:

- **Zielmuskulatur:** M. glutaeus maximus (großer Gesäßmuskel), M. quadriceps femoris (4-köpfiger Oberschenkelstrecker)
- **Mitbeanspruchte Muskulatur:** M. biceps femoris (Beinbizeps), M. semimembranosus (Plattsehnenmuskel), M. semitendinosus (Halbsehnenmuskel)

Schwierigkeitsgrad:

- leicht (Anfänger) / mittel (Fortgeschrittener) / schwer (Profi) je nach Ausfallschritt und Druck

Beinpresse beidbeinig, Rückenlage

- **TR** liegt auf dem Rücken, Arme sind seitlich neben dem Oberkörper, Beine werden zusammen leicht angewinkelt nach oben gestreckt. **AN** legt den **PowerBambus** mit dem Pad mittig auf die Fußsohlen und macht einen Ausfallschritt für ein stabilen Stand.
- **AN** lehnt sich in Absprache mit dem **TR** mit dem Oberkörper auf den **PowerBambus**, während der **TR** langsam die Knie beugt und das Gewicht ausbalanciert. Der unterste Punkt ist erreicht, wenn gerade noch ausreichend Kraft vorhanden ist, den **PowerBambus** wieder nach oben zu drücken, im Optimalfall, wenn Knie den Oberkörper berühren.
- **TR** stemmt das ausgemachte Gewicht hoch, bis die Knie fast durchgedrückt sind und wiederholt die Bewegung je nach Trainingsziel.

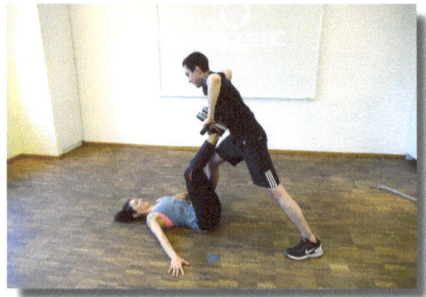

Hinweise:

- Die konventionelle Beinpresse mit großen Gewichten kann zu Verschiebungen der Iliosakralgelenke führen, sowie starke Verkürzungen im Gesäß- /Lendenbereich verursachen.
- Mit unserer Art der Beinpresse liegt der Fokus nicht im Aufbau der Maximalkraft, sondern überwiegend in der Kraftausdauer, d. h. viele Wiederholungen mit mittelstarken Gewichtsveränderungen.
- Diese Übung eignet sich auch hervorragend für Menschen mit Rückenproblemen, die keine Kniebeugen im Stehen mit Zusatzgewichten machen dürfen. Wichtig ist bei diesen Problemen, dass während der Übung das Gesäß nicht vom Boden gehoben wird.

Details:

- **Zielmuskulatur:** M. quadriceps femoris (4-köpfiger Oberschenkelstrecker), M. gluteaus maximus (großer Gesäßmuskel), M. biceps femoris (Beinbizeps), M. semimembranosus (Plattsehnenmuskel), M. semitendinosus (Halbsehnenmuskel)
- **Mitbeanspruchte Muskulatur:** M. adductor magnus (großer Schenkelanzieher), M. adductor longus (langer Schenkelanzieher), M. adductor brevis (kurzer Schenkelanzieher), M. pectineus (Kammmuskel), M. gracilis (schlanker Schenkelmuskel), M. gastrocnemius (zweiköpfiger Wadenmuskel), M. erector spinae (Rückenstrecker)

Schwierigkeitsgrad:

- leicht (Anfänger)

Kniebeuge einbeinig mit gestrecktem Bein „Pistol Squats"

- **TR** steht aufrecht mit geradem Rücken, greift den **PowerBambus** überschulterbreit und legt sich das Pad mittig auf den Nacken. Ein Bein steht gerade mittig unter dem Körper, das andere wird gerade nach vorn möglichst hoch gestreckt. **AN** steht nah dahinter und greift den **PowerBambus** beidhändig von unten eng am Pad, zur Stabilisierung.
- **TR** beugt das Knie kontrolliert bis fast in die Hocke. Der unterste Punkt ist ungefähr erreicht, wenn die Oberschenkel waagerecht sind, der höchste Punkt kurz bevor die Knie gestreckt sind. **AN** kann je nach Trainingsstand helfen, wieder nach oben zu kommen.
- Bei geradem Rücken des **TR** wird mit zunehmender Beugung der Hüfte die Gesäßmuskulatur automatisch gedehnt.
- **AN** sollte darauf achten, dass während der ganzen Übung das Gewicht gleichmäßig und im Gleichgewicht bleibt und sollte mit zunehmender Übungszahl mehr unterstützen.

ACHTUNG:
- Der Oberkörper sollte während der gesamten Kniebeuge gerade gehalten werden, um den Rücken (Wirbelsäule) zu schonen. Die Beugungsachse verläuft immer durch das Hüftgelenk.

Hinweise:
- Diese Übung dient zum Trainieren der Maximalkraft des Beins. Der Vorteil in unserer Übung liegt im Partner, der dafür sorgt, den Gleichgewichtssinn langsam zu trainieren, indem er mehr oder weniger führt. Außerdem kann er das Gewicht nach oben oder unten individuell anpassen.
- Die meisten Menschen müssen sich langsam an eine einbeinige Kniebeuge heranarbeiten, bevor sie diese mit ihrem eigenen Körpergewicht ohne Unterstützung ausführen können.

Details:
- **Zielmuskulatur:** M. quadriceps femoris (4-köpfiger Oberschenkelstrecker), M. glutaeus maximus (großer Gesäßmuskel), M. biceps femoris (Beinbizeps), M. semimembranosus (Plattsehnenmuskel), M. semitendinosus (Halbsehnenmuskel), M. erector spinae (Rückenstrecker)
- **Mitbeanspruchte Muskulatur:** M. rectus abdominis (gerader Bauchmuskel), M. obliquus externus abdominis (äußerer schräger Bauchmuskel), M. obliquus internus abdominis (innerer schräger Bauchmuskel), M. transversus abdominis (querer Bauchmuskel), M. adductor magnus (großer Schenkelanzieher), M. adductor longus (langer Schenkelanzieher), M. adductor brevis (kurzer Schenkelanzieher), M. pectineus (Kammmuskel), M. gracilis (schlanker Schenkelmuskel), M. soleus (Schollenmuskel), M. gastrocnemius (zweiköpfiger Wadenmuskel), M. iliopsoas (M. psoas major und M. iliacus) (Hüftbeuger)

Schwierigkeitsgrad:
- schwer (Profi)

Abschluss

Herzlichen Glückwunsch! Du hast es geschafft: die ersten 24 Übungen am **AEROLETIC PowerBambus** sind absolviert. Die Trainingserfolge werden sich in den nächsten Wochen deutlich abzeichnen.

Wir gehen davon aus, dass du nun sicher Lust auf mehr bekommen hast? Daher möchten wir dir hier weitere Informationen geben, wie du dein Training darüber hinaus erweitern und intensivieren kannst. Darüber hinaus wartet noch ein Geschenk auf dich ...

AEROLETIC Medical Movement

Das ganzheitliche gelenkgeometrische Bewegungssystem **AEROLETIC Medical Movement** wurde von **Kai Amberg** aus den besten bekannten Bewegungssystemen zusammengestellt. Grundlage ist das über 5.000 Jahre alte chinesische ChiKung (auch Qi Gong geschrieben), das von Kai Amberg gemeinsam mit seinem damaligen **WingTsun-Meister Roland Liebscher-Bracht** zu LNB Motion weiterentwickelt wurde, für das Kai Amberg über 5 Jahre der Cheftrainer für die D-A-CH-Region war.

Gemeinsam mit der **Physiotherapeutin und Osteopathin Barbara von Winterfeld** und dem **Arzt und Osteopathen Alexander Lay** wurde das System noch mal zu **Theranetic Yoga** weiterentwickelt, bis es dann 2016 endgültig im heutigen **AEROLETIC Medical Movement** mit **GeoYoga, BodenYoga100** und **Dynamics** gipfelte.

Mit den drei Trainer-Modulen werden in Wochenend-Seminaren Sportwissenschaftler, Kursleiter, Personal Trainer, Ärzte, Therapeuten und Heilpraktiker ausgebildet, die die biomechanisch-gelenkgeometrisch ausgefeilten Bewegungen zur Prävention und dem Erhalt einer ganzheitlichen Gesundheit des Bewegungsapparates an ihre Patienten, Schüler oder Kursteilnehmer weitergeben.

Da es aber auch immer wieder von anderen an Bewegung und Flexibilisierung interessierten Menschen Anfragen nach Seminaren gibt, die aber keine zweieinhalbtägige Trainer-Ausbildung machen wollen (die außer den Übungen zur Bewegung auch Anatomie und Trainingslehre beinhaltet), ist es seit 2019 nun endlich möglich, dass die ersten beiden Module auch für Practitioner in einem eineinhalb-Tages-Workshop angeboten werden. Über 1.300 Seiten Seminar-Material und insgesamt 12 DVDs helfen, das Gelernte zuhause immer weiter zu vertiefen.

In den **AEROLETIC** Seminaren lernst du, deinen Körper in allen erdenklichen Winkeln zu bewegen sowie Faszien, Gelenke, Sehnen und Muskeln MAXIMAL zu flexibilisieren und kräftigen.

- Practitioner-Seminare (offen und inhouse)
- Trainer-Fortbildungen (offen und inhouse)

Als stolzer Besitzer des **AEROLETIC PowerBambus – Booklet 1** möchten wir dir zum **Dank für dein Durchhalten einen Gutschein** anbieten: Wenn du den Gutschein-Code „**PowerBambus2019**" im Bestellvorgang eingibst, erhältst du volle 50(!) EURO Rabatt auf dein erstes Seminar als Neukunde. Und wenn du unten den **AEROLETIC Info-Service** abonnierst, erhältst du auch gleich einen ersten kostenlosen Einblick in das Übungsprogramm.

AEROLETIC Info-Service

„Nichts ist so beständig wie der Wandel". Dieses Zitat des griechischen Philosophen Heraklit zum Vorbild nehmend, wird **AEROETIC** ständig weiter entwickelt und fast jeden Tag werden neue Ideen aufgenommen und ins Programm integriert.

Daher bieten wir dir mit dem kostenlosen und sehr informativen **AEROLETIC Info-Service** die Möglichkeit, immer mit uns auf dem Laufenden zu sein. Was erwartet dich mit dem **AEROLETIC Info-Service**:

- neue Übungen
- Buch- und DVD-Tipps
- Trainings-Videos
- immer wieder mal Gutscheine und Verlosungen oder kostenlose Downloads

Wenn du dich heute zum **AEROLETIC Info-Service** anmeldest, erhältst du als Dankeschön die komplette **AEROLETIC GeoYoga Sequenz 7**, die in nur 20 Minuten die wichtigsten Körperpartien durcharbeitet und flexibilisiert.

Hier kannst du dich anmelden:
https://goo.gl/uxXS43 (oder mobil über dein Handy, indem du den QR-Code einscannst:)

www.ingramcontent.com/pod-product-compliance
Lightning Source LLC
LaVergne TN
LVHW010030070426
835511LV00004B/100